週イチからできる

『学び合い』課題プリント集 中1数学

西川 純 編

かわのとしお・髙瀬浩之・福島哲也 著

学陽書房

まえがき

　本書は「『主体的・対話的で深い学び』に取り組みたい」「『学び合い』をやってみたいけれど、課題をどう生徒に与えればいいのかわからない」と悩んでいる人のための本です。
　本書には、中1の数学の年間の単元予定に従い、週イチから、『学び合い』による授業で「主体的・対話的で深い学び」を実現できる課題プリントを1年分まとめてあります。
　本書の説明に基づいて、ぜひ週イチからでよいので、本書の課題プリントを使って『学び合い』の授業にトライしてみてください。誰でも成功できる方法を本書では紹介し、初めての人にも使いやすい課題プリントを用意してあります。これは初めて「主体的・対話的で深い学び」に具体的に取り組みたいという人にとって、間違いなく強力なサポートになるでしょう。

　みなさんの周りの先生も、新学習指導要領の「主体的・対話的で深い学び」の言葉については知っておられると思います。ただ、その内容を明確に語れて、方法論がある先生もほとんどいないと思います。そして、多くの先生がこう思っておられるのではないでしょうか。
　「ただでさえ忙しいのに、『深い学び』までやれとは正直大変だ」「そんなことを定常的にやれば、基礎基本がおろそかになる」と。
　しかし、これは誤解です。実際は「『主体的・対話的で深い学び』は楽」「しかも学力を向上させる」のです。「え？」と思われたかもしれません。「主体的・対話的で深い学び＝アクティブ・ラーニング」には多種多様な方法論があります。その中で、本書では『学び合い』による授業を紹介しています。少なくとも『学び合い』（二重カギカッコ）であるならば、「『主体的・対話的で深い学び』は楽」です。そして、『学び合い』を教科学習の中心にすえるならば「しかも学力を向上させる」ことができます。

いままでの授業では、誤りなく学習を成立させるために教師が色々と準備し、子どもたちの発言に様々に対応してきました。それが教師の職能であると考えられてきました。このような授業における主体は教師です。これでは授業が大変なのは当然です。

　一方、新学習指導要領に書かれている「主体的・対話的で深い学び」での「主体的」の主語は学習者です。考えてみてください。すべて1人の教師が背負う授業と、数十人の子どもたち（リーダー性の高い子どもを含む）と教師が一緒になって背負う授業と、どちらが教師は「楽」でしょうか？　当然後者です。

　ただし、いままでの授業に話し合い活動を少し入れただけでは変化ありません。また、今までの授業に、「主体的・対話的で深い学び」の要素を足すだけなら時間数が足りないのは当然です。

　いままでの授業を、子どもが主体的になるアクティブ・ラーニングに「大胆」に置きかえる必要があります。

　しかし、当然不安だと思います。子どもを主体的にしたならば、「あの子はこんなことをする」「こんな失敗をあの子はする」と思い浮かぶでしょう。何の方法論・理論もなく子どもたちを主体的にするならば確実にそうなります。しかし、本書で紹介する『学び合い』による授業ならば大丈夫です。

　『学び合い』は徹頭徹尾、実証的データに裏付けられた理論と方法論に構成されています。それを数千人の教師が20年間実践しています。その実践に伴うあらゆる問題は既に誰かが乗り越え、情報が集約・整理され、方法論が改善され、膨大な関連書が出版されています。

　「主体的・対話的で深い学び」には取り組まなければなりません。ならば「文部科学省が言うから」ではなく積極的に取り組みませんか？

　さあ、始めましょう！

2017年2月
上越教育大学教職大学院
西川　純

一斉授業と『学び合い』の

> 一斉授業では…

◎先生が生徒に教える。
◎生徒は静かに座っていることが推奨されている。
◎先生のペースで授業が進む。
◎生徒は黙っている時間が多い。
◎わからない生徒がいても授業はどんどん進んでしまう。

違いって？

『学び合い』では…

◎先生は課題を与え、生徒は生徒どうしで教え合い、学び合う。
◎生徒はお互いに教え合うために、立ち歩くことが推奨されている。
◎生徒はそれぞれのペースで授業内容を学んでいける。
◎生徒がコミュニケーションし合う時間が多い。
◎わからない生徒は、わかるまで友達に聞きにいくことができる。

『学び合い』の授業を見てみよう！

1 授業開始

数学の時間。
授業開始です。
まず、教師が簡潔にこの授業時間での課題と目標を伝えます（5分以内で）。かならず「全員達成」を求めます。課題は黒板に板書したり、プリントを渡したりして、生徒が明確にわかるようにします。生徒はまず課題を確認します。

2 「さあ、どうぞ！」で動き始める

「さあ、どうぞ！」の教師の声で生徒達が動き始めます。生徒が課題に取り組む活動時間を最大限確保することが大事です。活動時間が長いほど学習効果は倍増します。

❸ 教室環境にはこんなものを用意しよう

- 教卓には解答を置き、生徒が話し合いに使いやすいホワイトボードなども用意しておきます。

- 教師や生徒のアイデアでほかにもいろんな工夫が可能です。

❹ グループが生まれる

- 生徒は自分で解いてみた後、解答と自分の書いたものを見比べたり、生徒どうしで学び合ったり、教え合ったりし始めます。

5 どんどん関わりが増えていく

どんどん関わり合いが増えていきます。

どんどん生徒が動いて、教室のあちこちで、いろんな生徒どうしの関わりが生まれていきます。小さなグループの中だけでなく、グループを越えた動きも生まれます。耳を傾けると、しっかり課題について話し合っています。

❻ 全員が達成したか振り返る

最後に全員が課題を達成できたかどうかを振り返ります（5分以内で）。
「次は達成するために、どう動いて助け合ったらいいのか考えよう！」
と教師は生徒自身に次への戦略を考えさせる投げかけをします。

こうした『学び合い』の授業を繰り返すうちに、生徒はどんどん全員達成のための戦略を考えるようになり、わからない友達に教えるために予習してくる生徒まで出てきます。

そして、全員の成績がぐんぐん上がり、他者と関わり合いながら課題を解決する力がみるみる伸びていきます。

本書の課題プリントを使うと、『学び合い』の授業は実はカンタンに取り組めます！ ぜひ本書を使って、トライしてみてください！

目　次

まえがき …………………………………………………………………… 2

一斉授業と『学び合い』の違いって？ ………………………………… 4

『学び合い』の授業を見てみよう！ …………………………………… 6

第1章　「深い学び」を実現する『学び合い』で授業も生徒も変わる！

『学び合い』が実現する「主体的・対話的で深い学び」……………… 16

『学び合い』の授業イメージ …………………………………………… 18

『学び合い』によるアクティブ・ラーニングが重視するもの ……… 20

『学び合い』によるアクティブ・ラーニングの効果は？ …………… 22

実践者からの報告　『学び合い』で生徒がこんなに変わる① ……… 24

実践者からの報告　『学び合い』で生徒がこんなに変わる② ……… 26

『学び合い』によるアクティブ・ラーニングへの生徒の感想 ……… 28

週イチから始めましょう ………………………………………………… 30

　　実践事例　コラム
　　「失敗は成功の母」……………………………………………………… 32

第2章 やってみよう！課題プリントで『学び合い』

- どんな準備が必要か？ ……………………………………… 36
- 実際の準備の例 ……………………………………………… 38
- 初めての時、生徒に語ること① …………………………… 40
- 初めての時、生徒に語ること② …………………………… 42
- こんな質問が出たら ………………………………………… 44
- 教師の説明は5分で、生徒自身が動くことを奨励 ………… 46
- 動かない生徒にはこんな声かけが有効 …………………… 48
- 問題行動にはこんな声かけが有効 ………………………… 50
- 一人ぼっちの生徒にはこんな声かけが有効 ……………… 52
- いままでの「学習のまとめ」はいらない ………………… 54
- 自分で課題プリントやヒントを作る時 …………………… 56
- 生徒がだんだん慣れてきた時の課題は …………………… 58

実践事例　コラム
- 『学び合い』がクラスを変える！ ………………………… 60

第3章 週イチでできる『学び合い』課題プリント集！

1　正の数・負の数

1. 正の数、負の数、自然数 ……………………………………… 64
2. 数の大小、絶対値 ……………………………………………… 68
3. 加法の交換法則・結合法則 …………………………………… 72
4. 正負の数の加法・減法 ………………………………………… 76
5. 正負の数の乗法・除法 ………………………………………… 80
6. 累乗を含む式の計算 …………………………………………… 84
7. 四則の混じった式の計算 ……………………………………… 88

2　文字と式

1. 文字式で表す ……………………………………………………… 92
2. 文字式で表された数量を答える ……………………………… 96
3. 式の値 …………………………………………………………… 100
4. 1次式の加法・減法 …………………………………………… 104
5. 1次式の乗法・除法 …………………………………………… 108

3　1次方程式

1　方程式の解 …………………………………………………… 112
2　方程式の解き方 ……………………………………………… 116
3　カッコ・小数・分数を含む方程式 ………………………… 120
4　比例式 ………………………………………………………… 124
5　1次方程式の利用（1）……………………………………… 128
6　1次方程式の利用（2）……………………………………… 132

4　比例と反比例

1　関数の例・関数と変域 ……………………………………… 136
2　比例の式を求める …………………………………………… 140
3　座標と比例のグラフ ………………………………………… 144
4　反比例のグラフ ……………………………………………… 148
5　比例と反比例の利用 ………………………………………… 152

5　平面図形

1　平行移動・回転移動・対称移動 …………………………… 156
2　作図について ………………………………………………… 160
3　接線・接点 …………………………………………………… 164
4　おうぎ形の弧の長さ・面積 ………………………………… 168

6　空間図形

1　平面の決定と2直線の位置関係 …………………… 172
2　直線と平面・2平面の位置関係 …………………… 176
3　回転体と投影図 …………………………………… 180
4　立体の切り口 ……………………………………… 184
5　立体の展開図 ……………………………………… 188
6　いろいろな立体の表面積 ………………………… 192
7　いろいろな立体の体積 …………………………… 196

7　資料の活用

1　相対度数 …………………………………………… 200
2　代表値 ……………………………………………… 204
3　近似値と有効数字 ………………………………… 208

実践事例　コラム
「主体的・対話的で深い学び」を実現するための秘訣 …… 212

読書ガイド …………………………………………… 214

第1章
「深い学び」を実現する『学び合い』で授業も生徒も変わる!

『学び合い』が実現する「主体的・対話的で深い学び」

▶「主体的・対話的で深い学び」を実現する授業とは？

　新学習指導要領が新しく示した「主体的・対話的で深い学び」にはさまざまな手法があり得ます。従来から対話的な協働的授業の手法としてよく知られているものでは、ジグソー法、班学習、ペアワーク、ミニ先生など、ここに書ききれないほどの手法があり、読者のかたも各種の手法をご存じだと思います。

　なかでも、本書で紹介する『学び合い』によるアクティブ・ラーニングは、20年以上の実践と研究に基づき、ノウハウが確立されているものです。各地に多数の実践者がいて、いつでも授業見学を歓迎してくれるので、教員にとっても学びやすいというのも特長です。

　この授業で一番大事にするのは「一人も見捨てないということを大事にすることは自分に得だ」という考え方です。なぜ得かといえば、周りの人を安易に切り捨てない人の周りには人が集まるからです。集まった人が自分の仕事を手伝ってくれれば、自分だけでやった時の10倍、100倍の仕事ができます。

　いま、教育の大改革が行われているのは、産業界から「これまでのような教育では、日本は生き残れなくなる」という悲鳴が上がったためですが、経済同友会、経団連が近年の各種の提言で今後の企業で必要とされる人物像として描いているのは、まさしく上記のような人物です。

　そうした人物を育てるために教育をいま変革しようとしています。その教育変革のために示された1つの方向性が「主体的・対話的で深い学び」の実現であり、それを具体的に学校の授業で実地に毎日、

生徒に体験させることができるのが『学び合い』です。

▶実際にはどんな様子の授業になるの？

　授業の様子は、部活動のようです。

　部活では、顧問が「地区大会優勝」「甲子園優勝」など達成すべき課題を設定し、部員に示します。そして、折に触れて「我々はチームである」ことを強調します。部員たちは、具体的な競技のノウハウは、先輩からなど部員どうしで学びます。

　『学び合い』によるアクティブ・ラーニングの授業でも、これと同じような関係性で授業を進めます。

　達成すべき課題は、本書のプリントを示して「このプリントの課題を、この授業の１時間で全員が達成できるようにする」でも、「教科書見開き２ページの問題を全員が解く」でもいいです。また、受験を意識するならば、大学入試、高校入試の過去問の中から良問を選び、それを全員が解けることを課題にするのです。教師の課題説明は５分ぐらいです。そして、「さあ、どうぞ」で生徒達に任せます。

　生徒達は自分の頭を使って課題を解決します。また、クラス全体を見回して、できない生徒を見つけて教えます。自分がわからなければ、わかりそうな人を見つけて聞きに行きます。その時間が授業の大部分を占めます。

　最後に、教師が、この時間、みんなが全力を尽くしたかを評価し、次回につなげます。

　生徒達の多くが「このほうが授業がわかる」と言います。実際に多くの学校・学級で成績が上がっています。さらに生徒どうしの人間関係もよくなっています。

（西川純）

『学び合い』の授業イメージ

▶ 『学び合い』の授業はこんな授業です

　新学習指導要領で示された、「主体的・対話的で深い学び」を実現するアクティブ・ラーニングの授業にはさまざまなものがありますが、本書ではその1つの形として、『学び合い』の授業のやり方、考え方をお伝えしていきます。具体的にそれがどんな授業になるのかを、ここにご紹介しましょう。

　① **教師から課題を与え、「全員達成が目標」と伝える（5分以内）**

　生徒が能動的に動く時間を最大限確保するため、できるだけ教師の最初の説明は5分以内とします。生徒全員を能動的にするため、全員が助け合い、全員が課題を達成することを目標にします。そのため「わからないから教えて」と自分から助けを求めることを奨励します。

　② **「さあ、どうぞ」と動くことを促し、生徒が動く（約40分）**

「どんどん動いて課題を達成してね。さあ、どうぞ」と動くことを促します。最初は自分で課題を解いたり周囲の様子をうかがったりして、あまり動きはありません。しかし、そのうち生徒どうしで聞き合おうとどんどん動き始めます。生徒が動く時間を最大限確保することが、『学び合い』の成果をアップするカギになります。

　③ **成果を振り返る（5分以内）**

　最後に全員が達成できたかを振り返らせます。学習内容のまとめはしません。全員達成できなければ、どうしたら次回できるかを考えるように教師は伝えて授業を終わります。企業の社長が社員の細かい仕事をいちいち確認するより、チームの業績をチェックして、チームに解決方法を考えさせるほうが業績が上がるのと同じです。

『学び合い』の授業イメージ

1 教師が課題を伝える（5分以内）

・「全員が課題を達成するのが目標」と伝える。
・「わからないから教えて」と自分から動くことを奨励。

2 「さあ、どうぞ」と促し、生徒が動く（約40分）

・生徒は最初はまず自分自身で課題を解くため動かない。
・徐々にほかの子に教える生徒や、教わるために移動する生徒が出て、動き始め、グループが生まれていく（教師はグループを強制的に作ったりしない）。
・やがて、グループどうしの交流が始まり、多くの生徒が課題を達成する。まだできない生徒をサポートするメンバーがどんどん増える。

3 成果を振り返る（5分以内）

・「全員達成」ができたかどうかを振り返る。学習内容のまとめはしない。あくまでも、「全員が課題を達成する」という目標に対してどうだったかを振り返らせる。

（西川純）

『学び合い』によるアクティブ・ラーニングが重視するもの

▶子どもを大人にする教育

「主体的・対話的で深い学び」を実現するようなアクティブ・ラーニングの授業に取り組もうという先生方の中にも、生徒達に自分達で解決することを任せる、本当の意味でのアクティブ・ラーニングに踏み込むことに躊躇しているという人もいるでしょう。

しかし、あまり難しく考えずに、試しに一度、本書のプリントを使って、書いてあるとおりの授業をやってみてほしいと思います。やってみると、成績の振るわない生徒が意外にほかの生徒にうまく教え始めたり、やる気のなかった生徒が初めて問題に取り組もうとしたり、いままでにない生徒達の変化に新鮮な驚きを感じると思います。

生徒に完全に任せてみた時に、初めて変化が訪れます。

教育は子どもを大人にすることです。
そして、アクティブ・ラーニングは有能な社会人を育てる方法です。
大人社会に手厚い指導をする「教師」はいないのです。
小学校は中学校に、中学校は高校に、高校は大学に、大学は企業に、子どもを社会人に育てる仕事を預けてきました。しかし、いま、企業が「社会人に育てるのは企業の仕事ではない」と主張しだしたのです。少なくとも、企業に雇用した人を社会人に育てる義務はありません。しかし、学校にはあるのです。

大人に育て、有能な社会人に育てる方法は1つしかありません。「まかせ、失敗させ、乗り越えさせる」ことです。

極論すればその際のリスク管理は、「死なない」「ケガしない」「心に傷を与えるような人権侵害は許さない」の3つだけでいいと思い

ます。

　その日の課題の出来に一喜一憂せず、中長期で成長を考えます。教師は個別指導に躍起になるのではなく、互いに支えるチームを作り、「一人も見捨てないチームになる」ことの大事さを語り続けます。それが優れた企業の経営者・管理職がやっていることです。できない社員を社長がいちいち指導するより、チームで業績を上げさせるほうが全員が成長します。

　それを毎日の教科学習でやるのが本当のアクティブ・ラーニングだと私は信じています。難しくはありません。実際にはP18で示したような授業をするだけです。

▶ 『学び合い』の考え方の基本とは？

　アクティブ・ラーニングについて、文部科学省が定義として記した言葉の中に「認知的、倫理的、社会的能力、教養、知識、経験を含めた汎用的能力の育成を図る」というものがあります。

　『学び合い』によるアクティブ・ラーニングは、「汎用的能力の育成」を教科教育の中で行うものです。そして、『学び合い』の考え方は、以下に紹介するような「学校観」と「子ども観」に集約されます。

　学校観は「多様な人と折り合いをつけて自らの課題を解決することを学ぶのが学校教育の目的である」というものです。「多様」とは障がいをもつ人やさまざまな性格、背景を持つ人すべてを指しています。「折り合い」を求めているのであって、「仲よし」になることを求めていません。社会に出れば当然、うまの合わない人もいるでしょう。それでいいのです。折り合いをつければよいのです。

　また、「子ども達は有能である」という子ども観に立っています。手のかかる子どもと同じ比率で、有能な子どももいます。そうした生徒集団の有能さを信じて一緒にやれば、いまより多くのことが実現できて、生徒も大人に成長します。

　『学び合い』はこのような学校観と子ども観を実際に体現し、「倫理的・社会的能力」を育てるアクティブ・ラーニングなのです。　（西川純）

『学び合い』によるアクティブ・ラーニングの効果は？

『学び合い』によるアクティブ・ラーニングの効果としては、以下のことがあげられます。

▶人間関係

　人間関係が改善されます。生徒どうしのもめごとが激減し、いざこざを生徒達自身が解決できるようになります。

▶不登校

　クラスの人間関係が良くなると不登校は解決します。『学び合い』に取り組み始めた多くのクラスで、実際に不登校の問題がなくなっています。

▶成績向上

　成績が上がります。なぜなら、わからないまま教師の話を黙って聞いているよりも、「わからないから教えて」とわかるまで友達に聞けるほうが、圧倒的に理解が進むからです。

▶特別支援

　自閉症、アスペルガー、学習障がい、ADHD……といった障がいは、一人ひとりの持つ特性が違い、一人ひとりへの対応が違います。教師が数冊の本や、数回の研修を受けたからといって専門家のような対応ができないのは当然です。しかし、『学び合い』は、特別支援の生徒の存在を、教師・クラスメートが気にならない状態にすることができます。さらに、特別支援の必要な生徒もそうでない生徒も心地良く日々を過ごすことができるようになります。

人の相性は不思議なものです。教師がどんなに本を読み、研修を受けても関係が結べないような生徒であっても、なぜか関係を結べてしまう人がいるものです。その人がクラスでたった1人の教師である可能性と、数十人の生徒達の中にいる可能性とでは、どちらのほうが高いでしょうか？
　相性はどうしようもありません。教師が関係を結べなくても、その人の能力が低いわけでも、ましてや努力が足りないわけでもありません。特別支援が問題になるのは、できる確証もなく教師が1人で抱え込んでいるために生じます。『学び合い』では「クラス全員」でクラスを支えます。さらに言えば、特別支援の生徒を見捨てないクラスにおいては、他の生徒が、自分も切り捨てられないという安心感を得ることができます。

▶余裕を持てる

　学校の中で最も「ゆとり」を必要としているのは教師です。『学び合い』は、そのゆとりを教師に与えることができます。なぜなら、教師が追い立てられるようにしていたことのほとんどは、まったく不必要になるからです。その分、じっくりと、ゆっくりと生徒達を見ることができます。いままで見えなかった生徒の良さを感じ、教師であることを楽しめます。

▶すぐに効果が出る

　以上にあげた効果は、多くの教師にとっては「高嶺の花」ではないでしょうか？　しかし、以上にあげた効果は比較的早い段階でも十分に実感できるはずです。本書のステップで確実にやれば、3時間もあればできます。最大でも2週間でできます。「そんな馬鹿な」とお思いでしょう。しかし、いままで多くの生徒が実践して結果を出しています。学校全体、自治体全体で『学び合い』に取り組むケースも増えています。次ページからは『学び合い』を実践したかたの声を紹介しましょう。

　　　　　　　　　　　　　　　　　　　　　　　　　　（西川純）

実践者からの報告
『学び合い』で生徒がこんなに変わる①

▶あなたはどうしていますか？

　『学び合い』を始める前、私は、小学校時代に算数でつまずいた生徒を、中学校の数学の授業でうまく指導できていませんでした。

　もちろん、「がんばれよ」と声をかけ、補習授業もしたり、少人数分割授業では「ゆっくりコース」という基礎計算重視コースを担当したりしました。しかし、それらの取り組みはことごとくうまくいきませんでした。

　生徒の中にAさんという小学校時代に算数でつまずいた生徒がいました。授業中は窓から空を眺めたり、グラウンドを眺めたり……。私が席に近づいた時には姿勢を正し、勉強に取り組んでいるふりをしていました。

　私はアドバイスしたり、時には怒ったり、そして時には「いつもいつも怒ったらAさんも立つ瀬がないよなぁ」と見て見ぬふりをしました。どうしていいかわからなかったのです。

▶「あぁ頭使ったぁ」

　2009年夏、市の「同和」教育講演会で『学び合い』によるアクティブ・ラーニングに出合いました。「仲間を誰一人見捨てない授業」という言葉に惹かれ、西川純さんのホームページを開き、ネットブックなるものを印刷し、2学期から真似し始めました。

　『学び合い』によるアクティブ・ラーニングの授業に取り組んでいたある日のことです。この日は連立方程式の「道のり・速さ・時間」の文章題に取り組んでいました。Aさんの周りには、仲間を見捨てない意気込みを持った数人の生徒が集まり、一緒にプリントを解いていま

した。

「道のり、速さ、時間」の方程式は係数が分数になることがほとんどです。それを説明していた1人が、Aさんは通分する分数の足し算ができないことに気がつきました。

「もうあんたは今日のめあてじゃなく、通分の特訓をするよ」とホワイトボードに通分の問題を書き始めました。そして授業が終わるまで通分の特訓は続きました。

　授業の終わりの挨拶をした後、Aさんが「あぁ頭使ったぁ」とつぶやきました。私は鳥肌が立ちました。未だかつてAさんにこんな言葉を言わせたことがなかったからです。

▶倫理的、社会的能力の育成を求める「主体的・対話的で深い学び」

『学び合い』とは「誰一人仲間を見捨てない」ことをクラス全体で目指す授業です。

　新学習指導要領で提示された「主体的・対話的で深い学び」について、文部科学省は審議の過程でアクティブ・ラーニングという言葉で示し、その定義を「学修者が能動的に学修することによって、認知的、倫理的、社会的能力、教養、知識、経験を含めた汎用的能力の育成を図る」としていました。

　ここに出てくる「倫理的、社会的」とは「今日の授業で、あなたは人として正しい姿だったのか」を問うということです。

　これらを問い続ける『学び合い』によるアクティブ・ラーニングの授業で、生徒達は変わっていきます。Aさんのような勉強が苦手な生徒はもちろんですが、Aさんの周りにあの日集まって教えてくれたような比較的勉強が得意な生徒達こそが大きく変わります。

（かわのとしお）

実践者からの報告
『学び合い』で生徒がこんなに変わる②

▶試行錯誤しながら

　ある年の４月、平均点で比べると７クラス中６番目の成績のクラスを担当しました。まだ『学び合い』の授業を試行錯誤していたころの話です。

▶模範解答の与え方

　当時は生徒が終わらせたプリントを私がチェックしていました。しかし、チェックを受けるため並んでいる間のおしゃべりが気になりました。時間が無駄だと思いました。

　西川先生に「先生チェック」について相談したところ、「模範解答を作りなさい」というアドバイスを受けました。生徒分印刷して配付しようとしたところ「模範解答は１枚。教卓に置いておけば、そこで対話が始まるから」とのアドバイスを受け、変更。すると、本当にそこでプリントを早く終えた生徒たちが議論し始めました。

▶課題プリントの与え方

　「プリント学習するんなら、１枚ずつ配るのではなく、単元分を配って、『予習しておいで』と言いなさい。その際に『友達のために予習しておいで』と言って、予習してきた生徒がいたら『君は友達のために予習してきたんだね。素晴らしい』と評価してあげなさい」とアドバイスを受けました。夏休み中に準備して、２学期から単元分を配ることにしました。アドバイスどおりの声かけをすると、予習してくる生徒が本当に増えました。

▶『学び合い』アンケート

　2学期の中間テストでの平均点が、学年全体として低かったことを利用して、『学び合い』についてのアンケートを実施しました。ほとんどの生徒が『学び合い』をプラスにとらえていましたが、2名マイナスにとらえている生徒がいました。そこでその事実をクラスにおろし「誰一人見捨てないためにどうするか」をKJ法で考えさせました。生徒達自身ががんばること、私に取り組んでほしいことなどが出ました。「『学び合い』の時間をもっととってほしい」という意見が出たので、小テストをやめて「all『学び合い』」に取り組むことにしました。マイナス意見を書いていた生徒は、以前よりも『学び合い』の授業に積極的に関わるようになりました。

▶すすんでプリントを2枚も3枚も

　図形の単元に入り、「暗記チェックテスト」を授業の最初に行うことにしました。この暗記チェックテストは授業中に教師が丸つけをして、授業終了前に返却しています。『学び合い』によるアクティブ・ラーニングの授業ならばそれは可能です。暗記チェックテストに出す問題は、前時までに学んだ内容の振り返りであり、「自由に取り組んでいい小テスト」からほとんど出すことも伝えました。すると生徒達は、50分間の授業で、①暗記チェックテスト（B4サイズ1枚）、②課題プリント（B4サイズ1枚）、③小テストになるはずだったプリント（B5サイズ1枚）の3枚のプリントに意欲的に取り組むようになりました。

　講義型の授業をしていたころは、50分間で1枚のプリントをするペースで授業をしていましたが、この時期の授業では、生徒達がすすんで2枚、3枚と取り組み、いままでにない手応えを感じました。この結果、3学期の期末テストにおいて、学年平均55点に対し、私の教えたクラスの平均は62.5点でした。もちろん学年トップでした。

（かわのとしお）

『学び合い』によるアクティブ・ラーニングへの生徒の感想

　数学で、実際に『学び合い』によるアクティブ・ラーニングの授業を行って、生徒達がどんな感想を持ったか、中学校で取ったアンケートの結果を紹介しましょう。

　私はアクティブ・ラーニングをやって良かったと思います。それは先生が出した課題をクラスみんなで協力して達成することによってクラスの絆が深まり、毎日クラスにいるのが楽しくなったからです。(中1・女子)

　友達と教え合うことでより深まったり、頭に良く入ってきたり、クラスで協力することもできます。(中1・女子)

　私がこの『学び合い』の授業で学んだことは、自分と違う意見を皆もっていることです。相手に説明をして自分の知識にすることも学べた。(中1・女子)

　友達に教えてもらうことで、数学の場合1つの方法でなく、他の方法をみつけ、自分がやりやすい方法を見つけられるのがいいと思うし、何より楽しく勉強できる所です。(中1・女子)

　一人ひとりが教え合いをすることで、自分とは別の考え方を知ることができて、教えているほうも学力を伸ばすことができると思う。クラスのテストの平均点も上がっています。(中1・女子)

クラス全体が「協力、挑戦、見捨てない」に、がんばってとりくんでいると思う。しめ切りに間に合わない時や、苦手な事をしている人を助けたりするクラスだと思う。（中1・女子）

　ぼくは中学生になって、びっくりしたことは数学の授業です。こんな授業法は初めてで、とても楽しいし、みんなで教え合いながらできていいなと思いました。（中1・男子）

　学び合いをしてすべてがかわりました。人が人を助けたほうも助けられたほうもどっちもどんどん成長が速くこんな夢のようなこと小学校にはまったくありませんでした。これのおかげで友達がすごく多くなり、成せきもちょっとずつ上がっていきました。（中1・女子）

　私はこの授業をうけて、ふつうの数学の授業とはちがうことがわかりました。みんなで学び合うことによってきちんと学ぶことができました。（中1・女子）

　私はこのクラスにきて、たすけ合いをしりました。このクラスでは学び合いという学習法をしてクラス全員でたすけ合っています。
　この学習法は学習以外の所でもやくだち、休み時間などの生活面でもちゅういをできるクラスです。そしてこの学習法のおかげで、多くのぎょうじをせいこうさせてきました。このようにクラスはとてもいいふんいきで、クラスの中ではいつも、みんながあかるく生活しています。最後にこのクラスは笑顔があふれるいいクラスです。（中1・男子）

週イチから始めましょう

▶本当にできるのかな、と心配なあなたへ

　ここまで読んでみて、いかがでしょうか？

　雑誌やネットにあるダイエット法の宣伝のような効能書きのように感じられたのではないでしょうか？「信じられない」と思われるかもしれません。しかし、「本当かもしれない」と思われるから本書を手にとっていただけたと思います。

　ご安心ください。本当です。

　考えてみてください。私は日本でも最も小さい国立大学の1人の教員にすぎません。その私が始めたことが全国に広がっているのです。だから、大きな書店に行けば私の本がいろいろと出ています。それも20年以上前からです。なぜでしょう？

　それは、本のとおりに実践すれば、本のとおりの効果があった先生が日本中にいるからです。残念ながら私の本を誤読して、自己流の『学び合い』もどきを実践するかたもいます。たとえば、授業中の15分だけを生徒どうしの話し合いにあてる、などのような自己流です。冷たいようですが、そのような『学び合い』もどきの効果は約束できません。一方、本当に本のとおりにやれば、一定以上の効果は現れます。

　理屈は単純です。「まえがき」に書いたとおり、なんでもかんでも教師一人で背負っている授業と、クラスの生徒達と一緒に創り上げる授業と、どちらのほうが効果があるでしょうか？

　いまの授業は元気いっぱいの生徒に対して「座れ、黙れ、ノートをつけろ」と求めているのです。そのようなことをできる教師であれば、「立ち歩いて相談してもいいよ。でも、一人も見捨ててはだめだよ」と生徒に求めるのは、たやすいはずです。

でも、生徒に任せたら遊び回る子がいると思うかもしれません。そうです、います。しかし、一方、「一人も見捨ててはだめだよ」と教師が求めれば、それに応える生徒はいるはずです。その生徒はいままで自分がやっていればほめられた。しかし、『学び合い』のアクティブ・ラーニングでは、クラス全員が達成できることを求められるのです。その生徒が動けばクラスの多くは、リードする生徒に準じた行動をします。そして、クラスの多くの生徒が「一人も見捨ててはだめだ」とわかり、行動をすれば、遊び回る生徒はいなくなります。なぜなら、遊び回る生徒は教師に嫌われても気にしませんが、クラスから浮き上がることは嫌がります。

　生徒に任せたら間違った方向に進むのではないかと心配されているかもしれません。大丈夫です。日本中の教師は成績が中もしくは中の下に合わせた授業をしています。そして、日本の生徒の３割は塾・予備校・通信教材で学んでいます。だから、クラスの生徒達が「一人も見捨ててはだめだ」ということがわかれば、互いにチェックし合います。

▶とりあえず試しても損はない

　バンジージャンプは安全だと理屈はわかっても怖いのは怖い。だから、とりあえず週１時間から始めませんか？　その代わり、中途半端な『学び合い』ではなく、本書で書いたとおりにやってください。週１時間だけでは成績はそれほど向上しないかもしれません。しかし、成績が下がることはありません。そして、いままで授業開始５分後には宇宙に飛び立っていたような生徒が、最後まで授業に向かう姿を見せてくれます。さらに、クラスの関係性が良くなります。

　本格的に取り組めば、いろいろな問題が生じます。しかし、起こるであろうことは既にわかっていて、どのように対策すべきかのノウハウも整理されていて本にまとめられています。しかし、週１時間程度ならば、起こる問題も少なく、本書に書いてある程度のノウハウで乗り切れるはずです。まずは始めましょう。　　　　　　　（西川純）

実践事例コラム

「失敗は成功の母」

▷ 失敗と修正

　私の長所は、「直感で『いい』と感じたことを躊躇なく真似できること」です。『学び合い』もそうでした。しかし、やはり不安がつきまといます。そこで自分なりにアレンジを加え、そして失敗し、それを修正することの繰り返しでした。

　ここでは、私のいままでのたくさんの失敗の中から１つ紹介し、どう修正していったかもお伝えしましょう。

▷ 自由に立ち歩くことに対しての不安

　2009年秋、中２の数学で『学び合い』によるアクティブ・ラーニングを実践し始めました。元々、課題プリントを主体とする授業スタイルでしたし、できるだけ楽をしたかったので、練習問題を解く時間を、個別ではなく学び合うだけの最小限の変更にしました。しかし、「自由に席を替わってよい」と言うことには抵抗を感じました。学習規律が乱れると感じたからです。これは『学び合い』を知った時に、誰もが感じる不安ではないでしょうか。

　そこで、それまでもしていた「班ごとに教え合う」時間を長めにとることにしました。このころの時間配分は、おおまかですが「教師による説明35分、練習問題15分」でした。
「一番早く解けた生徒のみ教師が丸つけし、ネームプレートを黒板に貼る。次の生徒以降は、黒板のネームプレートを見て、既に終わっている生徒に丸つけをしてもらい、すべて合えばネームプレートを貼る」としました。

　残念ながら、たいして手応えを感じないまま数週間が過ぎました。

当然です。それまでの授業とほとんど変わらない「なんちゃって『学び合い』」だったのですから。

そのころ、同僚の若手の先生も中2の理科で『学び合い』によるアクティブ・ラーニングを実践し始めており、「いい手応えです」と言われてました。そこで参観させてもらいました。

生徒達は席から立ち上がり自由に動き回っていました。恐れていた「授業に関係ない話」をしている生徒はいませんでした。理科の学習内容を活発に話し合っていました。何よりも「仲間を誰一人見捨てるなよ」という先生の言葉に応えた生徒達が、理科を苦手とする生徒に積極的に関わっていました。

さっそく私の数学の授業でも、班ごとの教え合いをやめて自由に席を替わってOKとしました。クラス全体の活動が活発になり、「今日、頭、使ったぁ」という生徒のつぶやきを聞きました。

▷子どもは有能である

『学び合い』では「子ども達は有能である」という「子ども観」を大切にしています。

このコラムで紹介した「自由に立ち歩くことに対しての不安」は、私が生徒達を信じていなかったために生じた杞憂でした。

生徒に最大限任せて、生徒にできるだけ多くの時間を与えることで最大の成果が引き出せます。

『学び合い』の授業だけでなく、授業や学級で問題が起こった時、生徒自身が解決したいと願うのが最大の解決法です。ならば、率直に語ることです。教師のすべきことは解決策を考えることではなく、現状の問題を率直に語り、問題を解決すべきであると語ることです。そして、それは「徳」ではなく「得」であると語ることです。

（かわのとしお）

第2章

やってみよう!
課題プリントで『学び合い』

どんな準備が必要か？

▶本書の課題プリント部分のコピーを配る

　まずは本書の課題プリントをコピーしてください。本書は A5 サイズですので、122 パーセント拡大すると B5 サイズのプリントになります。この B5 サイズの課題プリントをノートに貼らせるのがお勧めです（プリントを一回り小さくなるように切らせるとなおよいです）。

　問題数が少ないと感じられるかもしれません。これは、クラスで数学を得意にしている生徒が 10〜15 分でできる分量を意識して作っているからです。当然そういう生徒達は 10〜15 分後にはプリントを終わらせます。そこからこそが『学び合い』の時間なのです。「仲間を誰一人見捨てない授業を目指そう」「『クラス 39 人がわかって、1 人はわからなかった』じゃだめなんだ。クラス 40 人みんながわかることがこの時間のめあてなんだ。そのために君ができることは何だろう」と声をかけましょう。

▶教師用指導書を教卓に置いておく

　『学び合い』では、生徒自身で自分や友達のつまずきを発見し、生徒どうしで助け合える環境を整えることが教師の役割となります。そこで、解答や解法の解説を教師だけが持つのではなく、生徒達が自由に自分達のペースで使える状態にする必要があります。私の場合は、教科書の問題を解いた生徒が答え合わせをできるように、教師用指導書を教室の前の棚に置いています。

　プリントが終わった生徒は、終わってない生徒を教えにまわるだけでなくお互いに問題を出し合ったり、教科書の問題やワークの問題をします。「わかるだけじゃだめだ。できるようになりなさい。そのため

にいろんな問題に挑戦しなさい」普段からそう言葉かけをしましょう。

▶本書の解答プリント部分のコピーを１、２枚用意する

　本書では、課題プリントの次ページに解答プリントを載せています。200パーセント拡大すればA3サイズになります。それを黒板に貼ったり、教卓の上に置いたりしましょう。

　ここで注意です。解答は生徒の人数分印刷して配付しないこと。なぜかというと、模範解答がある場所を限定することで、丸つけしようとしている生徒達がそこに集まり、議論の場になるからです。模範解答にはしっかり解説を書きこんでおきましょう。いままでの模範解答をファイルしたものを作って教卓に置いておくとなおよいですね。前述の教師用指導書も「自由に見てよい」と伝えておきましょう。

▶誰ができたかできていないかがわかる工夫

　ネームプレートなどで誰がプリントを終わっていて、誰が終わっていないかが一目でわかる工夫をするととても便利です（次ページを参照）。生徒達に「まだ誰がめあてを達成してないか、気づいて助けに行こうね」と言葉かけできますし、生徒も「あれ、まだ○○ちゃんができてない」と教えに行ったりします。

▶ホワイトボード、タブレットＰＣ、辞書など

　ホワイトボードは、人に教える時や、お互いに問題を出し合う際に手軽に使えます。

　言葉でつまずく生徒もたくさんいます。教師が思いもつかないところで生徒はつまずきます。「ねえねえ『便せん』って何？」これは『学び合い』の研究授業中に、ある生徒が周りの仲間に聞いた一言です。私は辞書を１冊、教卓に置いています。タブレットＰＣが学校にたくさんあるのならば、それを使わせてもよいでしょう。

（かわのとしお）

実際の準備の例

①本書の課題プリントのコピーを配る

　私の場合、122パーセントに拡大して生徒のB5ノートに貼らせています。

②教師用指導書を教卓に置いておく

　生徒が自由に自分達のペースで使えるようにします。

③本書の解答プリント部分のコピーを1、2枚用意

　枚数を限定することで議論の場を用意できます。

④誰ができたかできていないかがわかる工夫

マグネットのネームプレートなどで課題の達成状況を可視化します。

マグネットのネームプレートを利用 or 座席表の板書を利用

黒板にマグネットでできたネームプレートを貼り、できた人は自分のネームプレートを「できた人」の囲みに移すなどすると、誰が達成したかしてないかが可視化できます。すると、できた生徒に聞きに行けたり、できた生徒ができていない生徒に気づいて助けに行けたり、生徒どうしの助け合いを促進できます。

ネームプレートがなければ、教師が黒板に座席表と同じ枠を板書し、プリントが終わった生徒に、自分の席の枠に自分の名前を書かせるという方法もあります。

生徒は慣れてくると、こうしたネームプレートなしで助け合えるクラスになっていくので、そうなったらこうした可視化はしなくてもよくなります。

⑤ホワイトボード、タブレットPC、辞書など

100円ショップのホワイトボードをいくつか用意したり、辞書を置いたり、学校のタブレットPCを使わせるのも効果的です。

初めての時、生徒に語ること①

　初めての『学び合い』の授業の時には、新しい授業のスタイルや考え方を生徒に説明することが必要です。ここでは私の場合の説明の仕方を紹介しましょう。

▶授業中おしゃべりしよう。仲間を助けよう

「道を歩いてて、目の前のおばあちゃんが転んだらどうしますか？　ガーンって音がして、買い物袋からミカンがコロコロと転がる。

　駆けつけて「おばあちゃん、大丈夫？」って聞く人もいれば、ホコリをはたく人、転がってるミカンを拾う人もいるでしょう。当然のことです。人間としてあたり前のことです。困っている人がいたら手をさしのべる。一般社会では普通のことです。

　数学の授業でそれをやろうと思っています。これを「仲間を誰一人見捨てない授業」と先生は呼んでいます。

　それができるようになったあなた達が将来の日本を素敵にしてくれると先生は信じています。

　この授業では、自分が困ったら助けてくれる人は33人います。困った時は助けてもらうことです、遠慮なく。それは人間としてあたり前のこと。「助けてよ、僕困っているから」……助けてもらうことは恥ずかしいことじゃないんですよ、とくに勉強は。

　困っている人を見つけたら「僕、力になれる？」と声をかけるのは人間としてあたり前のことです。

　コツを１つ言いましょう。わからないことが出てきたら、その時に聞くことです。黙ってたらだめ。だから仲間を誰一人見捨てない授業の時には、おしゃべりしなきゃだめなんです」

▶立ち歩こう。教えてくれる人を探しに行こう

「先生の家は、学校の校門を出て、まっすぐ12キロほど進んで、JR春日駅のところの線路に突き当たるから、そこを右折して……（自宅までの道順を熱を込めて説明）……。わかったでしょ。えっ、わからないんですか？　なんでわからないの？　先生はわかるのに。（笑）

　実は、わかっている人の説明はいまみたいにわかりにくいんです。でもサッカーのクラブチームでJR春日駅近くによく行っているAくんみたいにわかってくれた人もいるかもしれない。

　わかってくれる人とわかってくれない人がいるのはなぜだと思いますか？　それは一人ひとりのわかり方が違うからです。34人いると34通りのわかり方があるんです。先生が説明して34人が一瞬にして全員がわかるなんてことはないんです。

　だから、仲間を誰一人見捨てない授業では、自分以外の33人の考え方を聞いてみて、その中から自分に一番わかりやすい考え方を選ぶんです。「なるほど〜」と思える説明をしてくれる人が一番いいんです。33人の中のどこかにかならずいます。その人を探してください。だから座ってちゃだめなんです。座ってたってスーパーマンは来ない。ドラえもんも来ない。誰も助けてくれません」

▶勉強はチームプレイ

「自分ができても終わりにしないで、みんなができるまで、あきらめないで、声をかけあって助け合うことが大事です。学校の勉強はチームプレイなんです。みんなでやるんです。1人だけがどんなに優れていてもだめなんです。スタンドプレイじゃだめ。自分だけできればいいなんて、そんなの学校の勉強じゃありません」

（かわのとしお）

初めての時、生徒に語ること②

　一斉授業で成績がよかった生徒の中には、新しい授業のやり方を非効率に感じたり、やりたくない生徒も出てきます。そのため、そうした生徒へも『学び合い』が必要な理由をきちんと伝えることが必要です。ここでは、私がどう伝えているのかの例を紹介します。

▶学校に通う目的は大人になること

　「学校の教育の目的って何だと思いますか？　教育基本法という法律の第1条（教育の目的）には、「人格の完成」と書かれています。「人格の完成」を言いかえると「大人になること」です。

　子どものころは1人で数学の問題を解けるようになることを求められますが、大人になると違います。たとえばパソコンが苦手な私が、○月○日までに成績処理することを求められます。そこで私は1人でパソコンの教科書の1ページ目から勉強し始め……そんなことはしません。職員室の隣の席のパソコンが得意な先生に教えてもらって、なんとか期日までに終わらせています。

　大人になると、乗りこえ方は問題にされず、期日までに困難を乗りこえることを求められるのです。あきらめたり逃げ出したりすれば、契約不履行で職を失い、家族を路頭に迷わせることになるので、「大人になる」ということは、「困難を乗りこえるために人の力を借りてでもなんとかできるようになる」ことと言えます」

▶2020年の大学入試の激変を知らせる

　「2020年、大学入試が大きく変わります。なぜ大学入試が変わるかというと、就職試験が変わるからです。そうなると大学に進学しない

人にも影響が出ます。

　新たな就職試験や大学入試では、知識はもちろんですが、「人とつながる力」や「人を説得する力」を持った若者を合格させるようになります。「勉強しかできない若者」を会社は合格させません。もちろん「勉強しない若者」も合格させません。「勉強ができて、人とつながれる力をもった若者」だけを合格させます。

　すごく厳しい時代がやってきます。でもこのことは、泣いたってわめいたって変わりません。ならば、泣いたりわめいたり……といった無駄なことをやめて、いち早く準備したほうが得だと私は思っています。

　そこで問題です。そんな厳しい時代に夢をかなえるために一番大切な力とは何だと思いますか？

　答えは、「人の力を借りてでもなんとか困難を乗りこえる力」です。この力を養うような勉強法を、私は『仲間を誰一人見捨てない授業』と呼んでいて、数学の授業でやろうと考えています。

　この授業で大切にすべきことは次の4つです。

①困難な課題を人の力を借りてでも解決すること

　　教科書、友達、先生、参考書……使えるものは何でも使って、困難な課題を解決しましょう。

②本当に理解すること

　　答えを写すことは理解ではありませんよね。本当に理解してテストでは全員8割以上とれるようになりましょう。

③みんなで高まること

　　友達に分け隔てなく接してください。そしてみんなが目標を達成することにこだわってください。

④誰一人見捨てないこと

　　わからない人がいたら席を替わってでも、とことん教えてください。仲間のために立ち歩かないとだめです。仲間のためにしゃべらないとだめです。先生は本気です」
　　　　　　　　　　　　　　　　　　　　　（かわのとしお）

こんな質問が出たら

▶本当に立って歩いていいんですか？

　それまで講義型の授業しか受けていない生徒は、立って歩くことに抵抗があります。いままで先生の言うとおりにしてきた生徒であればあるほど、その傾向は強いように思います。「主体的・対話的で深い学び」を実現するためには、この傾向を変える必要があります。

　文部科学省は新学習指導要領の審議の過程で、「学習者の能動的な学習への参加」を重視し、そうした教授・学習法の総称としてアクティブ・ラーニングという言葉を用い、その目的を「認知的、倫理的、社会的能力、教養、知識、経験を含めた汎用的能力の育成を図る」としました。いままでの授業で決定的に足りなかった「倫理的、社会的能力（人として正しい姿を求める能力、社会の中で人間関係を豊かにする能力）」が、次世代の日本を担う青年に必要と判断したのです。この改革は「教師が心がける」程度の取り組みではすみません。2020年の大学入試制度の激変を伴って、具体的な変革を求められてきます。

　そのため、生徒から立ち歩きについて質問が出たら、国が求める教育の姿を頭の中にイメージしつつこう言いましょう。

「もちろん OK です。というより、じっと座ったままのほうがだめです。わからなかったら聞きやすい仲間のところに行きましょう。既にわかっているのなら、まだわからなくて悩んでいる仲間のところに行きましょう。仲間を誰一人見捨てないクラスになりましょう。そして、仲間を誰一人見捨てない経験をしたあなた達こそが、これからの日本を素晴らしくしてくれるんです。私はそう信じています」と。

▶すぐに解答を見に行ってもいいんですか？

　この質問をする生徒は２通りです。１問目から解き方がわからなくて、解答や解説を見て理解を進めようとする生徒と、解答や解説を丸写しにしてさっさとプリントを終わらせようとする生徒です。

　前者の生徒には「どんどん見に行きなさい。そして心の底から『あぁわかった』と言えるよう、しっかり解説を読みなさい。わからなかったら周りの仲間に聞いてね」と答えます。

　後者の場合は「この時間のめあてはプリントを終わらせることではないですね。『カッコがついている式の、カッコを外すことが、クラス全員できるようになる』でしたね。答えをいくら写しても『できる』ようにはなりません。できるようになるために仲間の力を借りましょう。あなたが大人になって難問に出合った時、あきらめてしまうのではなく、人の力を借りてでも難問を突破できるようになりましょう。それが学校教育の目標でもあるのです」と周りの生徒に聞こえるように大きめの声で話します。

　そして「この問題、確かに難しいですよね。けれどこのクラスには既に解けた人がいます。みんながめあてを達成するには、どうしたらいいでしょうね」と、大きめの声で話して席を離れます。そしてさりげなく様子を見ていてください。きっと教えに来る生徒がいます。

▶プリントが早く終わったらワークをしていいですか？

　本書で紹介する『学び合い』の授業では「仲間を誰一人見捨てない」ことをめあてにかならず織りこんでいます。

　それをふまえてこの質問に答えるとすれば「みんながプリントを終わらせたか、もしくは教える相手がいなければどうぞ」となります。

　課題をほとんどの生徒が終えている場合は「プリントで『わかった』と感じたのなら、ワークや教科書の問題をたくさん解いて『できる』ようになってください」と全体に言葉をかけます。　（かわのとしお）

教師の説明は5分で、生徒自身が動くことを奨励

▶「では勉強スタート」まで約5分

　授業開始のチャイムと同時に挨拶。課題プリントを配付し、めあてを板書します。今日の授業でも、全員のめあて達成を求めることを伝え、前時の生徒の助け合いの様子について「よかった姿」と「課題と思えた点」を話します。そして、「今日はさらに素敵なクラスになっていこう」と励まし、「では勉強スタート。どんどん自分達で動いてください」と伝えます。ここまで約5分で終わらせます。

　たまに私の解説が10分以上になることもあります。そんな時は「ごめん、先生が時間を使いすぎました」と謝ったりします。

▶「主体的に対話」し「深く学ぶ」のは誰？

　新学習指導要領で打ち出された「主体的・対話的で深い学び」の主体は誰でしょうか。もちろん生徒ですね。

　情熱を込めて教師がしゃべり続ける。机間指導であの生徒の次はこの生徒……と飛び回る。「あぁ、疲れた。でも今日の授業はがんばったなぁ」と教師が軽い疲労感とともに充実感に満ちる。これは、生徒が主体的に対話し、深く学ぶ姿ではありません。

▶数学の授業、時間が過ぎるの、速〜い

　生徒が能動的に動く時間を保障するため、教師の説明は「5分」なのです。10分使ってしまったら「ごめんなさい」なのです。

　『学び合い』の授業の場合、生徒が動く時間を保障してやればやるほど学習効果が高まります。

　生徒達は「『学び合い』の授業は、時間が過ぎるのが速〜い」と言

います。能動的に動いているからこその言葉です。

▶動くことを奨励しよう

「勉強スタート」と宣言しても、『学び合い』の授業に取り組んだばかりのころは、生徒はあまり動きません。課題プリントを自分一人で解く生徒がほとんどでしょう。けれど周りの様子をうかがっている生徒もいるはずです。そんな生徒のそばに行って、少し大きめの声で「あれ？　なんでじっとしてるの？　わからなかったら１人で悩まなくってもいいんですよ」と話しましょう。

そのうち、恐る恐る立ち上がって教えてもらいにいく生徒や、ちょっとニヤニヤしながら仲よしの友達の席に行く生徒が出始めます。「Aさんが、動き始めました。この２年３組にとって記念すべき１人目です」「Bさん、ナイス！　わからなかったら聞きに行けばいいんだよね」とすかさずほめます。

そして授業の終わり段階で、その日の授業のまとめをする際に、動き出した生徒達をほめます。

「Aさんはどんどん立ち上がってめあてを達成しようとがんばっていました」「Bさんはわからない問題をCさんに聞きに行きました。CさんはBさんにどうしたらわかるだろうかと一生懸命教えていました。その時Bさんの目はとても真剣でした」

「けれど全員達成はできませんでした。なぜだと思いますか？　理由の１つは、『わからないから教えて』と言える人がまだクラスの半分くらいだからです。どうしたらいいと思いますか？　数学の授業ではみんながめあてを達成しなきゃだめなんです。考えてみましょう。そして次の時間はもっと素敵なクラスになりましょう」と伝えます。

（かわのとしお）

動かない生徒には
こんな声かけが有効

▶鳥の目でクラス全体を見取る

　『学び合い』の授業も 2 回目、3 回目になると、ほかの子に教える生徒や、教えてもらうために動く生徒など、動き回る生徒が増えるはずです。

　私は授業中、教室の入り口近くの壁にもたれながら、生徒達全体を見ていることが多いです。ここから見える景色は、『学び合い』の授業に出合う前の景色とはまったく違います。以前は一人ひとりが気になって、全体を見る余裕はほとんどありませんでした。

　以前を「虫の目」とたとえるなら、いまは「鳥の目」で全体を見ているので、時折脱線しかかっている生徒達を見つけると、近くに行って「う～ん」と言いながら渋い顔をしたりします。渋い顔をするだけで生徒は気づきます。本人が気づかなくても周りが注意してくれます。

▶近づいて教師が教えてはいけない

　問題がわからない様子の生徒には、教師は近づいていって教えたくなります。しかしそうすると、わからない生徒を教えるのは先生だという意識を、クラス全体に植えつけてしまう結果になります。それが積み重なると、生徒達は「仲間を誰一人見捨てない」という大前提を忘れていきます。

　では「数学の得意な A さん、ちょっと教えてあげて」とか「A さんのところに聞きに行きなさい」と言うのはどうでしょうか？

　これも有効ではありません。まずは相性の問題です。大人同様、生徒達の相性もさまざまです。自分自身に置きかえて考えてみればよくわかります。「かわの先生が表計算のこと、よくわかってないみたい

だから、パソコンのことが得意な髙瀬先生、教えてあげてください」と校長から言われたとします。もし、かわの先生が髙瀬先生に苦手意識を持っていたらどう思うでしょう。「えー、マジかよ。福島先生に聞くほうが気楽だったのになぁ……」

また、相性がよかったとしても問題は残ります。教師が特定の生徒に期待することは、プレッシャーがその生徒だけに集中してしまうことになるからです。毎回、毎回、教える係をしなければならない生徒はそのうち「なんで私ばっかり」と感じるようになります。

ですから「班学習」や「ミニ先生」を、「主体的・対話的で深い学び」の授業とすることに私は疑問を感じます。

▶問題がわからなくてモジモジしている生徒を見つけたら

「おや、Bさん、この問2は確かに難しいですよね。でもクラスには問2が解けた人、けっこういますよね。みんながめあてを達成するにはどうしたらいいと思いますか？」と周りに聞こえるように話します。クラス全員がその言葉に応えることはないでしょうが、心やさしい生徒が現れるはずです。その後、時折Bさん達の近くに立ち寄っては「あっ、なるほど」「いいねぇ」と声をかけます。

そして授業の終わり段階で、授業のまとめをする際に「今日は、Bさんが問2をできずに悩んでいました。そこにCさんが近づいて教えていました。先生が教えるよりずっと上手な教え方でした。Bさんも真剣に聞いていました。授業でできなくて困るのはあたり前のことです。知らないことを学んでいるのですから。大事なのは人に聞ける能力なんです。大人になって難問に出合った際、1人で乗りこえたのか、いろんな人の力を借りたのかは問題になりません。難問を締め切りまでに終わらせたのかどうかだけが問われます。だから大事なのは人に聞ける能力なのです。また、仲間が困っている時に教えられる能力も大事なのです」と言います。

（かわのとしお）

問題行動には
こんな声かけが有効

▶授業中の問題行動は見逃さない

　授業中の問題行動の代表的なものとして、あきらめ・私語・居眠り・立ち歩きなどが挙げられます。これらを教師が見逃したり、あきらめたりすることは、やがていじめ・暴力行為・人権侵害などの重大な問題に発展する可能性があります。

　『学び合い』の授業では、私語・立ち歩きについてはたちどころに解決です。だっておしゃべりすること、立ち歩くことを教師が求めるのですから。ただし「仲間を誰一人見捨てない」ための立ち歩きであり、「仲間を誰一人見捨てない」ためのおしゃべりでなければなりません。そうでない場面を見つけたら、その都度「それは仲間を誰一人見捨てない姿なのか」を問うべきです。

▶居眠りをする生徒に

　授業中居眠りをしている生徒に気づいた場合、どうしていますか？
　その生徒を起こして、勉強することの必要性を説き、励ます。そんな先生が多いかと思います。時には顔を洗いに行かせたり、教卓のそばに席を移動するという方法をとることもありますよね。私もそうやっていました。

　でもその生徒が次の時間もまた居眠りをしていたら？　さらに次の時間にも居眠りをしていたら？

　何度も何度も起こして、何度も何度も注意して、何度も何度も説諭して、そのたびごとに声が大きくなって……。そのうち「毎時間、こんなことしていたら、学習進度に影響が出てしまう」と考え始め、ついには起こすのをやめてしまう。そして「あの子が変わろうとしない

のが悪いんだ」「いままで何度も指導をした」「自己責任だ」「毎時間怒っていては、あの子も立つ瀬がないだろうから、たまには見て見ぬふりをしてやろう」……これらは、以前の私の姿です。

　しかしこれは、教師が生徒を見捨てたことにほかなりません。

　では実際に居眠りをしている生徒がいたら？

　もちろん起こします。そして次にクラス全体に伝えます。「Aさんが居眠りしているのに、君達はなぜ起こさないんだ。これは仲間を見捨てているのと同じことじゃないか」

▶あきらめている生徒に

　勉強することをあきらめている生徒も同様です。その生徒を指導するのに重点を置くのではなく、周りの生徒が動くことに重点を置きましょう。

「先生はAさんがあきらめていることに気づいています。君達も気づいているはずです。なのに、そのままにしているのですか？」という気持ちで「クラスみんなが理解して進んでいますか？　あきらめている人はいませんか？」と大きめの声で話しましょう。そして授業の終わりに、よかった点を10個ほどほめた後「けれど、残念なこともありました。あきらめている様子の人がいました。その人が今回取り組めなかったのは残念だけど、それ以上に残念だったのは、その人をそのままにしていた周りの人です。先生が気づいたのだから、君達の中で気づいていた人もいるはずなのに、そのままにしていました。仲間を誰一人見捨てないクラスであるために、どうするべきか考えましょう」と呼びかけてみましょう。

（かわのとしお）

一人ぼっちの生徒には
こんな声かけが有効

▶教師が自分自身に「生徒を誰一人見捨てるなよ」と声かけしよう

『学び合い』の授業を始めると、一人ぼっちのままでいる生徒に気づくようになります。いろんな方に参観してもらって、「Aさんがずっと一人ぼっちでしたよ」と指摘されることもよくあります。その点をとらえ『学び合い』はだめだとおっしゃる方もいらっしゃいます。

確かに、それまでの授業で見えなかった課題がむき出しになったと言えます。けれど、いままではそのことに、教師も生徒も気づきもしなかったのです。『学び合い』の授業で課題が見えるようになっただけなのです。見えるようになったからこそ解決することもできるのです。

気がつかないふりをすれば、教師は気が楽かもしれません。しかし一人ぼっちで苦しんでいる生徒はいままでどおり、そのまま放置されるのです。「仲間を誰一人見捨てるなよ」と生徒達に求めるのが『学び合い』の授業です。自分自身にも「生徒を誰一人見捨てるなよ」と言葉をかけましょう。

▶クラス全体に呼びかけよう

一人ぼっちの生徒の方を向かずに、こう言いましょう。
「『学び合い』では、みんなができることを目指すんだったよね。仲間を誰一人見捨てないクラスを作るんだったよね。クラス全体を見回しましょう。悩んでいる仲間がいませんか？　わからなくて鉛筆が止まっている人がいませんか？」

▶学級目標も使おう

　私の担任しているクラスの学級目標は「you！　優‼　勇結遊‼!」です。生徒達が言うには「最初の『you』にはあなたを決して見捨てないという願いを込めた」そうです。

　学級目標はどのクラスも素敵な言葉を使っていることがほとんどだと思います。そこでどのクラスでも、その学級目標の言葉を使って、仲間を誰一人見捨てないことを求めることができるはずです。

　もしも私の担任しているクラスで一人ぼっちの生徒がいたら、すかさずこう言います。
「あなた達の学級目標は『you！　優‼　勇結遊‼!』ですよね。『you』には『あなたを決して見捨てない』って思いを込めたって言ってましたよね。こんな素敵な学級目標を持っているのに……、残念だなぁ。悩んでいる仲間がいませんか？　わからなくて鉛筆が止まっている仲間がいませんか？」

▶心やさしい生徒が動いてくれる

　すると心やさしい生徒が行動してくれるはずです。そういう行動を見かけたら、近づいていって「いいね。仲間を誰一人見捨てないクラスに、いま、なっていますね」とほめます。

　そして、授業の終わりに「今日の授業はとても素晴らしかったです。クラス全体を見渡して、自分にできることは何だろうと考え、行動できる人が増えてきました。クラスみんながそうなるとすごいクラスになります。もっとすごいことができるようになります。君達ならできるって、今日感じました」と伝えます。

（かわのとしお）

いままでの「学習のまとめ」はいらない

▶いままで「学習のまとめ」をしてきた意図は？

　私も以前は学習のまとめをしていました。授業内容についての感想や意見をプリントやノートにまとめさせ、数人に発表させていました。

　意図は、授業の終末に自分の思考の整理をさせることで、生徒の興味・関心を持続させることでした。数人に発表させる意図は、思考過程を共有することで、よりよいまとめを自分の言葉で考えさせるためでした。すなわち、学習のまとめとは、その時間の授業で認知的能力がどれだけ伸びたかを確認するものと言えます。

▶いままでの「学習のまとめ」をしない意図

　元々、発表させた数人しか確認ができない学習のまとめに疑問を感じていました。『学び合い』の授業をするようになって、その疑問はさらに大きくなりました。その時間のめあては「みんなが〇〇〇〇できるようになる」なのですから、確認すべきは、「全員がめあてを達成できたか」なのです。

　新学習指導要領には「知識・技能、思考力・判断力・表現力等、学びに向かう力や人間性」などを総合的に育むことを重視する文言が書かれています。認知的能力の伸びを確認するだけのいままでの学習のまとめでは不十分なのです。

▶認知的、倫理的、社会的能力の伸びの確認

　そこで私は、授業の終わりにごくごく基礎的な問題の小テストをすることにしました。時間も5分ほどです。班内で交換させ、その場で

丸つけをさせます。
「8割以上正解した人、手を挙げてください」
「けっこう多いですね。では立ち上がって」
「立っている人は周りを見てください。座っている人がいますよね。なぜみんなが立てなかったか考えてみましょう。あなた達にはできたことがあったはずです。そして座っている人は、なぜ自分が立てなかったか考えましょう。あなた達にはできたことがあったはずです。次の時間、全員がめあてを達成することを楽しみにしています」と言います。

▶小テストは続けない

　授業終わりの小テストは、「教師が全員達成を求めている」というメッセージを生徒に伝えるのに有効です。しかし、2～3回もすればこのメッセージは十分に生徒に届きます。生徒どうしが関わり合う貴重な時間を消費する小テストは、できるだけ早く廃止すべきです。

　本時の目標を、具体的にどうなったら目標達成なのか、判断しやすい表現にすることで、テストではなく挙手で確認することも可能になります。

「自分の課題ができて、かつ、みんながめあて達成するために全力を尽くせた人は手を挙げてください。『わからないから教えて』と言えた人もその1人です。わからなくて悩んでいる人を探した人もその1人です。そして本当にわかるために最後の1秒まで努力した人は手を挙げてください」と言ってみましょう。

　この後の言葉かけは、小テスト後の言葉かけと同様です。もちろんめあてを達成した時は心の底から喜び合いましょう。

（かわのとしお）

自分で課題プリントや
ヒントを作る時

▶同じ問題でも協働で解く課題に

　一斉授業で扱う問題と『学び合い』で扱う問題にはどのような違いがあるのでしょうか。中学校の3年間で受けた授業が、一斉授業でも『学び合い』でも結果として向き合う高校入試の問題は同じです。つまり、一斉授業でも『学び合い』でも扱う問題は、学習指導要領に則った内容なのです。ただ、取り組み方が異なります。

　私は、「次の計算をしなさい」「次の方程式を解きなさい」「次の証明をしなさい」という個人で達成するだけでよいような課題を出しません。「次の計算の方法を男女1人ずつの合計2人に説明し、納得してもらえたらサインをもらいなさい」というように、その問題だけに焦点を当てた課題ではなく、その問いを通してよりよい集団になるためのきっかけとなれるように工夫をした課題を出しています。

▶課題に困っている生徒がいる場合

　『学び合い』では教えることは生徒達に任せているので、与えた課題に困っている生徒がいた場合、教師が直接教えるのではなく、生徒集団が教え合うように仕向けることで解決します。

　それだけでなく、教師として教科指導でできることとしては、私は教師用のノートを活用しています。もしも一斉授業であれば板書するだろうなという内容をノートに書いておき、生徒達が自由に見ることができるようにしています。そのノートを見せてはいますが、各自のノートに書き写すよう指示したりはしません。家でも見られるようにしたいと思った生徒には、教師用のノートをコピーして渡しています。

　教師用のノートの工夫として、私は答えを赤で書くようにしていま

す。そして、解説や問題を解くためのヒントはシャープペンシルの黒で書きます。また、答えを直接見たくはないけれどヒントが必要な生徒へは、黒色の文字に注目するように声をかけています。

▶友達に説明する課題

『学び合い』では、生徒達が主体的に判断して行動できる時間をできるだけ多く与えます。つまり、教師が説明する時間を作りません。教師がていねいに説明しようとする内容を既に知っているという生徒はクラスの中に何人かいます。しかし生徒に任せていては心配だという場合、生徒どうしで説明をするという課題を作ります。

　友達数人に説明し、説明が正しければサインをもらいます。サインをする時に、あいまいな説明だと感じながらサインをすることは「一人も見捨てない」ことに反していると、生徒達に普段から語ります。クラス全員がこの課題の説明をできるようになってほしいと本気で願い、その実現に向けて行動できることが『学び合い』なのです。

　学力を向上させるために、問題数を増やすことも有効かもしれませんが、言葉で説明するほうが短時間で繰り返すことができます。そして、何よりも一人も見捨てないことは得であることを実感させることができます。

（福島哲也）

生徒がだんだん慣れてきた時の課題は

▶よい慣れに対しては、わかったつもりに注意する

　『学び合い』によるアクティブ・ラーニングに慣れてくると、笑顔で数学を勉強する生徒が出てきます。教師としても一斉授業では味わうことのできなかった経験をすることができます。しかし、生徒達の会話を聞いていると「本当にこの子はこの説明で理解しているのかなぁ」という生徒「も」出てきます。わかったつもりで先へ進んでいる生徒です。主体的に動き出せているので、周りの友達も安心してしまいますが、実際にはわかったふりをしている生徒ということです。

　わかったふりで課題を終えることがないように、生徒達の『学び合い』の時間では、教師は生徒達の会話を聞き取ることが大切です。

▶よくない慣れに対しては、方法ではなく目的を語る

　生徒達がよくない方向で慣れてくると、グループが固定したり、困っても聞きに行く友達が限定される生徒「も」出てきたりします。『学び合い』とは、一人も見捨てないという考え方です。「一人も見捨てない」の主語は「生徒達」です。

　『学び合い』を友達どうしでワイワイ教え合いをするという単なる"アクティブなラーニング"と考えている生徒には、グループが固定されるなどのよくない慣れが出てきます。これは、「一人も見捨てない」ことを全員が達成できていない結果でもあります。

　このような時、教師はついつい「あのグループに聞きに行ってごらん」というような指示を出してしまいたくなります。しかしこれでは、生徒達にとって「教師に指示された子が、動けばよい」というメッセージを伝えていることになります。

『学び合い』によるアクティブ・ラーニングの考え方では、生徒一人ひとりを見る前にクラス集団を見ます。教師が気になる子に対して、気になることを解決する方法を伝えるより、教師が気になることをクラス集団が気づいているか確認し、話し合ってもらいます。実際、生徒達は教師が気になることに気づいていない場合や、気づいているけれどあえていままでのような行動をしている場合があります。

　生徒達が『学び合い』に慣れてきたら、どういうクラスになりたいかをクラスのみんなで考えさせるべきです。

　集団の２割は、教師の言うことをすぐに理解して行動できます。その２割を動かすために必要なことを語ります。

　つまり、クラスの問題点を解決するために、教師は解決の方法を語るのではなく、解決する目的を語ります。いまはこのような課題があるが、このままではどんなクラスになってしまうのかを語り、解決に向けてどうすべきかを生徒達一人ひとりに考えさせます。このような時間をとることで、生徒達がアクティブ・ラーニングに対して、よくない慣れ方をしていても、よりよい方向へ向かうことができます。

（福島哲也）

実践事例コラム

『学び合い』が クラスを変える！

▷本気で「一人も見捨てない」ために

　生徒達自身が、本気で一人も見捨てないための行動ができれば、教室のあちこちでドラマが生まれます。課題を解決する方法は、生徒達自身で決めます。中には、自力で解決したいと時間いっぱい１人で黙々と取り組む生徒もいます。

　ある日、数学に自信を持っていて学力も高いＳさんは、その日の課題を自力で解こうとして１人で黙々と考える時間がいつもより長く続いていました。いつもはたくさんの友達がＳさんの周りに集まり、Ｓさんの力を借りています。この日は普段と違い考えこむＳさんを見て周りの生徒達も普段との違いを感じていました。そしてこの日のＳさんの姿を見てみんながとった行動は、そっとするという行動でした。

　一人も見捨てないというのは、困っている人を放っておかないという意味だけではありません。黙々と取り組む人に対して、そっと応援するクラスの雰囲気はとても温かかったです。そして、Ｓさんが教卓に置いてある解答を見ていると、周りの生徒達はＳさんに「どうやった？　できた？」と聞いていました。それを聞いていた中の１人は、毎時間Ｓさんに基本的なことから教えてもらっているＭさんでした。『学び合い』によるアクティブ・ラーニングでは、数学の課題を達成するだけでなく、クラスの人間関係にも変化が表れます。Ｓさんは、Ｍさんから「教えてくれてありがとう」という感謝の言葉はいままで何度も聞いていますが、この日の「どうやった？　できた？」から、影ながら応援してくれていることもＳさんは知ることができたよう

でした。数学の授業で「自分のことを応援してくれる友達がいる」「自分のことを気にしてくれる友達がいる」という経験ができるのは、『学び合い』によるアクティブ・ラーニングを実践しているからだと思います。

▷生徒指導事象が多いNさんのケース

　Nさんは、普段落ち着きがなく、人間関係でもトラブルが多くあります。周りの友達もNさんに対して、自分達が思っていることを伝えられない上、Nさんの間違った行動に対しても注意をすることもできない関係でした。

　しかし、『学び合い』で授業を行ううちに、実はNさんは友達から声をかけてほしかったということや、クラスでは刺々しい態度で過ごしていても、本当はクラスの友達と関わりたいというNさんの本音を知ることができました。

　小学校の算数のかなり早い段階からつまずいていたので、Nさんの数学の学力では、中学校の課題はとても難しく、解決できません。そんなNさんに対してクラスの友達は、自分達で作ったオリジナル問題をNさんと解いてから今日の課題をしてもいいかと私に尋ねてきました。当然そのことを認めると、クラス全員が力を合わせて、なんとかNさんが課題を達成できるようにと取り組むようになりました。『学び合い』は学力向上を目指すだけではなく、一人も見捨てないことを一人ひとりに求めます。生徒指導で課題が多い子どもに対してもクラスみんなに対しても、一人も見捨てないことを求めるのです。私はこの経験を通して、『学び合い』は学力以外にも与える影響力は強いと実感しました。

（福島哲也）

第3章

週イチでできる『学び合い』課題プリント集!

1 正の数・負の数

1　正の数・負の数、自然数

▶本時の目標（黒板に板書や紙で示す）
- 正の数、負の数、自然数、整数について全員が説明できる。
- 授業の目標をそれぞれの生徒が意識し、目標の達成に向けて一人も見捨てずに学習する。

▶準備するもの
次の見開きページの左側ページを生徒の人数分、拡大して印刷する。右側の解答ページをA3サイズ程度に数枚拡大コピーして教卓に置くか、黒板に貼る。生徒どうしの議論が大切なので、解答は全員には配付しない。過去のプリントの模範解答ファイルを教卓に置く（準備全般についてはP36を参照）。

▶授業のタイムスケジュール

導入 （5分）	本時の目標と課題を解決するために必要な行動を伝える。自分だけが解決できればよいのではなく、一人も見捨てないことを語る。そのために必要なことを時間いっぱい考えて行動するように伝える。
『学び合い』スタート （40分）	「説明できること」が「わかる」ということだということを強調しながら声をかける。
振り返り （5分）	クラスのみんなで一人も見捨てないための行動がとれたかを振り返る。

この授業のポイントと、クラス全体への声かけの例

▶課題プリントを配る時の、生徒へのひと言

- 「正の数を使って表された言葉を負の数を使って言いかえると、言葉がすごく変わるから、お互いに間違えないで言いかえできるようになるまで助け合ってくださいね」
- 「自然数や整数などがどのような数字のことかは、教科書に載っている言葉を暗記するのではなく、自分なりの言葉で説明できることが大切ですよ」

▶生徒の様子に応じた、授業展開の声かけの例

序盤での声かけ例:生徒に動くことを促したい時

「わかり方は人それぞれだから、自分にとって必要な行動をしよう」「クラスのみんなが課題を解決できることを大切にしよう」「説明できることをわかるというんだよ」

中盤での声かけ例:周囲の様子に気づくことを促したい時

「あっという間にできた人達が、クラスに困っている人がいないかに気づけるクラスにしていきたいね」

終盤の声かけ例:全員達成を促したい時

「"わかったつもり"が一番よくないよ。本当にわかったかどうかは、友達に説明できて説明を聞いてくれた人が納得してくれるかで判断しよう」「答えが正しければそれでいいのではなく、説明できるようになろう」

正の数・負の数，自然数について

クラス全員が問題を説明できてサインをもらおう

1年（　　）組（　　）番　名前（　　　　　　　　　　　）

小学校で勉強していた算数から中学校では数学に変わりました。そして，数字の中には「0より小さい数」があることを勉強しました。「0より小さい数」についてクラス全員が説明できることをこの時間では目標にしています。

1

次の数を正の符号，負の符号を使って表す時どのように表しますか。男女1人ずつの合計2人に説明し，納得してもらえたらサインをもらいなさい。

(1) 0より3大きい数　　　(2) 0より5小さい数　　　(3) 0より0.1小さい数

2

正の数・負の数，自然数，整数とはどのような数かを男女1人ずつの合計2人に説明し，納得してもらえたらサインをもらいなさい。

3

次の言葉について，正の数を負の符号を使って書きかえます。この時，意味が変わらないように文を書きかえるとどうなりますか。男女1人ずつの合計2人に説明し，納得してもらえたらサインをもらいなさい。

(1) 300円の支出　　(2) 10km北　　(3) 5点減少　　(4) 10人少ない

解答

正の数・負の数，自然数について
クラス全員が問題を説明できてサインをもらおう

1年（　　）組（　　）番　名前（　　　　　　　　　　　）

小学校で勉強していた算数から中学校では数学に変わりました。そして，数字の中には「0より小さい数」があることを勉強しました。「0より小さい数」についてクラス全員が説明できることをこの時間では目標にしています。

1

次の数を正の符号，負の符号を使って表す時どのように表しますか。男女1人ずつの合計2人に説明し，納得してもらえたらサインをもらいなさい。

(1) 0より3大きい数　　　(2) 0より5小さい数　　　(3) 0より0.1小さい数
　答え +3　　　　　　　**答え** －5　　　　　　　**答え** －0.1

2

正の数・負の数，自然数，整数とはどのような数かを男女1人ずつの合計2人に説明し，納得してもらえたらサインをもらいなさい。

答え　正の数：0より大きい数
　　　　負の数：0より小さい数
　　　　自然数：正の整数のこと
　　　　整数：自然数，0，自然数に負の符号をつけたもの

3

次の言葉について，正の数を負の符号を使って書きかえます。この時，意味が変わらないように文を書きかえるとどうなりますか。男女1人ずつの合計2人に説明し，納得してもらえたらサインをもらいなさい。

(1) 300円の支出　　(2) 10km北　　(3) 5点減少　　(4) 10人少ない
　答え －300円の収入　**答え** －10km南　**答え** －5点増加　**答え** －10人多い

1　正の数・負の数

2　数の大小、絶対値

▶本時の目標（黒板に板書や紙で示す）

- 全員が絶対値の意味を理解し、数直線を使って数の大小を示すことができる。
- 授業の目標をそれぞれの生徒が意識し、目標の達成に向けて一人も見捨てずに学習する。

▶準備するもの

次の見開きページの左側ページを生徒の人数分、拡大して印刷する。右側の解答ページをA3サイズ程度に数枚拡大コピーして教卓に置くか、黒板に貼る。生徒どうしの議論が大切なので、解答は全員には配付しない。過去のプリントの模範解答ファイルを教卓に置く（準備全般についてはP36を参照）。

▶授業のタイムスケジュール

導入 （5分）	課題プリントを全員ができること、一人も見捨てないことを語る。小学校からの友達関係にこだわらず、全員が一人も見捨てないことを語る。
『学び合い』スタート （40分）	数直線を頭に描きながら求める数を答えられるように、友達どうしでどのような説明をしているかに注目する。「以上」「未満」という言葉についての意味を理解しているかに注目する。
振り返り （5分）	時間いっぱい、全員が課題を達成するために必要な行動を取れたかを振り返る。

この授業のポイントと、クラス全体への声かけの例

▶課題プリントを配る時の、生徒へのひと言

- 「数の大小については、数直線の右側にある数が大きいことや、絶対値については0からの距離が遠い数が大きいことを、自分の言葉で説明できることが目標ですよ」

▶生徒の様子に応じた、授業展開の声かけの例

序盤での声かけ例：自分の力で考える時間が少ないと感じた時

「困った時には、友達にすぐに聞くのではなく自分で調べるということも大切です。教科書にも載っていますよ」

中盤での声かけ例：理解の深まりを促すために

「解き方だけを教えてもらって満足していてはいけないよ。マイナス3大きい数とは、どういうことか説明できるかな？」
「"9未満"と"9以下"の違いはわかるかな？　説明できるということがわかるということだよ」

終盤の声かけ例：全員の理解を促すために

「絶対値とは何か、クラス全員が説明できるようになったかな？　一人も見捨てないようにしよう」

数の大小，絶対値について

クラス全員が問題を説明できてサインをもらおう

1年（　　　）組（　　　）番　名前（　　　　　　　　　　）

1

次の2数のうち，大きい数はどちらですか。また，絶対値が大きい数はどちらですか。この2つについて男女1人ずつの合計2人に説明し，納得してもらえたらサインをもらいなさい。

(1) -7 と 5　　(2) -1 と 2

(3) -4 と -9　　(4) -0.01 と -0.1

2

下の数直線上に，次の数はどこにあるか印をつけなさい。これを男女1人ずつの合計2人に説明し，納得してもらえたらサインをもらいなさい。

```
—+—+—+—+—+—+—+—+—+—+—+—+—+—
      -5          0          5
```

(1) -6 より 2 大きい数　　(2) -4 より 9 大きい数　　(3) 3 より 6 小さい数

(4) 1 より -3 大きい数　　(5) -2 より -2 小さい数　　(6) -3 より -4 大きい数

3

次の内容を男女1人ずつの合計2人に説明し，納得してもらえたらサインをもらいなさい。

(1) 絶対値が 3 より小さい整数について　　(2) 絶対値が 4.1 以上 9 未満の整数がいくつあるかについて

解答

数の大小，絶対値について
クラス全員が問題を説明できてサインをもらおう

1年（　　）組（　　）番　名前（　　　　　　　　　）

1

次の2数のうち，大きい数はどちらですか。また，絶対値が大きい数はどちらですか。この2つについて男女1人ずつの合計2人に説明し，納得してもらえたらサインをもらいなさい。

(1) -7 と 5

大きい数	5
絶対値の大きい数	-7

(2) -1 と 2

大きい数	2
絶対値の大きい数	2

(3) -4 と -9

大きい数	-4
絶対値の大きい数	-9

(4) -0.01 と -0.1

大きい数	-0.01
絶対値の大きい数	-0.1

2

下の数直線上に，次の数はどこにあるか印をつけなさい。これを男女1人ずつの合計2人に説明し，納得してもらえたらサインをもらいなさい。

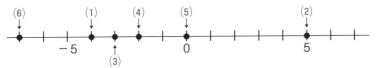

(1) -6 より 2 大きい数
答え -4

(2) -4 より 9 大きい数
答え 5

(3) 3 より 6 小さい数
答え -3

(4) 1 より -3 大きい数
答え -2

(5) -2 より -2 小さい数
答え 0

(6) -3 より -4 大きい数
答え -7

3

次の内容を男女1人ずつの合計2人に説明し，納得してもらえたらサインをもらいなさい。

(1) 絶対値が3より小さい整数について
答え $-2, -1, 0, 1, 2$

(2) 絶対値が4.1以上9未満の整数がいくつあるかについて
答え $5, 6, 7, 8, -5, -6, -7, -8$ の8個

1　正の数・負の数

3　加法の交換法則・結合法則

▶本時の目標（黒板に板書や紙で示す）

- 加法の交換法則と結合法則を使って、正負の数の加法が全員できる。
- 授業の目標をそれぞれの生徒が意識し、目標の達成に向けて一人も見捨てずに学習する。

▶準備するもの

次の見開きページの左側ページを生徒の人数分、拡大して印刷する。右側の解答ページをA3サイズ程度に数枚拡大コピーして教卓に置くか、黒板に貼る。生徒どうしの議論が大切なので、解答は全員には配付しない。過去のプリントの模範解答ファイルを教卓に置く（準備全般についてはP36を参照）。

▶授業のタイムスケジュール

導入 （5分）	『学び合い』は、単なる教え合いの授業ではなくクラス全員が一人も見捨てないことを本気で達成しようとする授業であると再確認する。
『学び合い』スタート （40分）	この課題を簡単に仕上げてしまう生徒もいれば、かなり難しく感じる生徒もいる。答えさえ合っていればそれでよいという終わり方がないように気をつける。
振り返り （5分）	本当に一人も見捨てずに時間いっぱい過ごすことができたかを振り返る。

この授業のポイントと、クラス全体への声かけの例

▶課題プリントを配る時の、生徒へのひと言

- 「数直線を使った考え方を利用して、符号と絶対値がどのようにして決まるかを理解し、全員が計算の方法を説明できるようになることが目標ですよ」

▶生徒の様子に応じた、授業展開の声かけの例

序盤での声かけ例：ポイントへの気づきを促したい時

「加法・減法について、自分はどのように考えたかを人に説明できるようになろう」「加法・減法には計算の順番はあるかな、ないかな」

中盤での声かけ例：関わり合いを促したい時

「正の数と負の数の加法でつまずいている人は、いろいろな人の説明を聞いて解決しよう」「数直線を使わなくても答えを出すにはどんな考え方をすればよいかを友達に説明してみよう」

終盤の声かけ例：壁を越えることを促したい時

「小学生の時の疑問や前の授業での疑問があれば、そのままにしないようにね」「普段の人間関係や男女差を気にせず、本気で一人も見捨てないでくださいね」

加法の交換法則・結合法則について

クラス全員が問題を説明できてサインをもらおう

1年（　　）組（　　）番　名前（　　　　　　　　　）

1

加法だけの式を，次のように計算する時，☐に当てはまる加法の計算法則を使います。☐にあてはまる言葉を書きなさい。また，この計算法則を使い，どのように計算するかを男女1人ずつの合計2人に説明し，納得してもらえたらサインをもらいなさい。

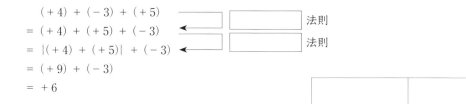

2

次の問題をどのように計算するかを，男女1人ずつの合計2人に説明し，納得してもらえたらサインをもらいなさい。

(1) $(-3)+(+5)$　　(2) $(+1)+(-8)$　　(3) $(+23)+(-24)$

(4) $(+46)+(-29)$　　(5) $(-39)+(+28)$　　(6) $(-100)+(+100)$

(7) $(-17)+(+18)+(-13)+(+2)$　　(8) $(+43)+(-22)+(+12)+(-3)$

(9) $(-31)+(+27)+(+31)+(-25)$　　(10) $(+51)+(-20)+(+37)+(-31)$

(11) $(-98)+(-76)+(+76)+(-102)$　　(12) $(+129)+(-68)+(+21)+(-12)$

解答

加法の交換法則・結合法則について

クラス全員が問題を説明できてサインをもらおう

1年（　　）組（　　）番　名前（　　　　　　　　　　）

1

加法だけの式を，次のように計算する時，□に当てはまる加法の計算法則を使います。□にあてはまる言葉を書きなさい。また，この計算法則を使い，どのように計算するかを男女1人ずつの合計2人に説明し，納得してもらえたらサインをもらいなさい。

$(+4)+(-3)+(+5)$
$=(+4)+(+5)+(-3)$ ← 交換 法則
$=\{(+4)+(+5)\}+(-3)$ ← 結合 法則
$=(+9)+(-3)$
$=+6$

2

次の問題をどのように計算するかを，男女1人ずつの合計2人に説明し，納得してもらえたらサインをもらいなさい。

(1) $(-3)+(+5)$
　$=2$

(2) $(+1)+(-8)$
　$=-7$

(3) $(+23)+(-24)$
　$=-1$

(4) $(+46)+(-29)$
　$=17$

(5) $(-39)+(+28)$
　$=-11$

(6) $(-100)+(+100)$
　$=0$

(7) $(-17)+(+18)+(-13)+(+2)$
　$=(-30)+(+20)$
　$=-10$

(8) $(+43)+(-22)+(+12)+(-3)$
　$=(+55)+(-25)$
　$=30$

(9) $(-31)+(+27)+(+31)+(-25)$
　$=(+27)+(-25)$
　$=2$

(10) $(+51)+(-20)+(+37)+(-31)$
　$=(+88)+(-51)$
　$=37$

(11) $(-98)+(-76)+(+76)+(-102)$
　$=-200$

(12) $(+129)+(-68)+(+21)+(-12)$
　$=(+150)+(-80)$
　$=70$

1 正の数・負の数

4 正負の数の加法・減法

▶本時の目標（黒板に板書や紙で示す）

- 正負の数が混じった小数と分数の減法を加法に書きかえて、全員が計算できる。
- 授業の目標をそれぞれの生徒が意識し、目標の達成に向けて一人も見捨てずに学習する。

▶準備するもの

次の見開きページの左側ページを生徒の人数分、拡大して印刷する。右側の解答ページをA3サイズ程度に数枚拡大コピーして教卓に置くか、黒板に貼る。生徒どうしの議論が大切なので、解答は全員には配付しない。過去のプリントの模範解答ファイルを教卓に置く（準備全般についてはP36を参照）。

▶授業のタイムスケジュール

導入 （5分）	週に一度の『学び合い』の授業なので、『学び合い』は一人も見捨てない授業だということを再確認する。
『学び合い』スタート （40分）	分数の計算に不安を持つ生徒には、積極的に課題解決に必要な行動を取れるように声をかける。
振り返り （5分）	課題を達成するために誰の力を借りることができたのか、また、誰に力を貸すことができたのかを考えさせることも重要である。

この授業のポイントと、クラス全体への声かけの例

▶課題プリントを配る時の、生徒へのひと言

- 「分数の計算が苦手だという人は、自分がどこにつまずいているかを友達に伝えることから始めよう。このクラスにいれば、全員が分数の計算ができるんだということを実現しよう」
- 「減法を加法に置きかえるには、どのように考えるかを自分なりの言葉で説明してくださいね」

▶生徒の様子に応じた、授業展開の声かけの例

序盤での声かけ例：わからないと言えるよう促したい時

「つまずくところは人それぞれ違います。自分の疑問点を人に伝えられるようになろう」

中盤での声かけ例：生徒の状況を見つつ、さらなる理解を促したい時

「分母が違う分数の計算に自信がない人は、解決できるチャンスを大切にしよう」「友達からの説明がわからない時は、「わからないよ」とちゃんと伝えられるほうがいいですよ」

終盤の声かけ例：困っている人に気づくよう促したい時

「わかったつもりをなくすために、友達に説明することに挑戦してくださいね。それを繰り返すと、クラスの中で困っている人が、とっても助かりますよ」

正負の数の加法・減法について
クラス全員が問題を説明できてサインをもらおう

1年（　　）組（　　）番　名前（　　　　　　　　）

1
次の計算問題は，どのように考えるかを男女1人ずつの合計2人に説明し，納得してもらえたらサインをもらいなさい。

(1) $(+12)-(+2)$　(2) $(-4)-(-11)$　(3) $(-7)-(+7)$

(4) $(-17)-(-8)$　(5) $(-13)-(-13)$　(6) $0-(-21)$

2
次の計算は，どのように考えるかを男女1人ずつの合計2人に説明し，納得してもらえたらサインをもらいなさい。

(1) $(+2.4)-(-0.4)$　(2) $(+8)-(+4.3)$　(3) $(-21.438)-0$

(4) $\left(+\dfrac{1}{6}\right)-\left(+\dfrac{7}{6}\right)$　(5) $\left(+\dfrac{2}{5}\right)-\left(-\dfrac{1}{4}\right)$　(6) $(-0.2)-\left(-\dfrac{2}{3}\right)$

3
次の計算は，どのように考えるかを男女1人ずつの合計2人に説明し，納得してもらえたらサインをもらいなさい。

(1) $3-9$　　(2) $-2+8-7$　　(3) $9-10+12-4$

(4) $-21+17-36+22$　　(5) $(-15)-(+3)-14$

(6) $19-22+(-9)-(-1)$　　(7) $-0.2+2.7-1.7$

(8) $-\dfrac{7}{9}-\left(-\dfrac{2}{9}\right)+\dfrac{2}{9}$　　(9) $-\dfrac{1}{3}+\dfrac{4}{5}-\dfrac{1}{2}$

解答

正負の数の加法・減法について
クラス全員が問題を説明できてサインをもらおう

1年（　　）組（　　）番　名前（　　　　　　　　　）

1

次の計算問題は，どのように考えるかを男女1人ずつの合計2人に説明し，納得してもらえたらサインをもらいなさい。

(1) $(+12)-(+2)$
$=10$

(2) $(-4)-(-11)$
$=7$

(3) $(-7)-(+7)$
$=-14$

(4) $(-17)-(-8)$
$=-9$

(5) $(-13)-(-13)$
$=0$

(6) $0-(-21)$
$=21$

2

次の計算は，どのように考えるかを男女1人ずつの合計2人に説明し，納得してもらえたらサインをもらいなさい。

(1) $(+2.4)-(-0.4)$
$=2.8$

(2) $(+8)-(+4.3)$
$=3.7$

(3) $(-21.438)-0$
$=-21.438$

(4) $\left(+\dfrac{1}{6}\right)-\left(+\dfrac{7}{6}\right)$
$=-1$

(5) $\left(+\dfrac{2}{5}\right)-\left(-\dfrac{1}{4}\right)$
$=\dfrac{13}{20}$

(6) $(-0.2)-\left(-\dfrac{2}{3}\right)$
$=\dfrac{7}{15}$

3

次の計算は，どのように考えるかを男女1人ずつの合計2人に説明し，納得してもらえたらサインをもらいなさい。

(1) $3-9$
$=-6$

(2) $-2+8-7$
$=-1$

(3) $9-10+12-4$
$=7$

(4) $-21+17-36+22$
$=-18$

(5) $(-15)-(+3)-14$
$=-32$

(6) $19-22+(-9)-(-1)$
$=-11$

(7) $-0.2+2.7-1.7$
$=0.8$

(8) $-\dfrac{7}{9}-\left(-\dfrac{2}{9}\right)+\dfrac{2}{9}$
$=-\dfrac{1}{3}$

(9) $-\dfrac{1}{3}+\dfrac{4}{5}-\dfrac{1}{2}$
$=-\dfrac{1}{30}$

1 　正の数・負の数

5　正負の数の乗法・除法

▶本時の目標（黒板に板書や紙で示す）

- 正負の数が混じった乗法と除法で、とくに小数と分数について全員が計算できる。
- 授業の目標をそれぞれの生徒が意識し、目標の達成に向けて一人も見捨てずに学習する。

▶準備するもの

次の見開きページの左側ページを生徒の人数分、拡大して印刷する。右側の解答ページをA3サイズ程度に数枚拡大コピーして教卓に置くか、黒板に貼る。生徒どうしの議論が大切なので、解答は全員には配付しない。過去のプリントの模範解答ファイルを教卓に置く（準備全般についてはP36を参照）。

▶授業のタイムスケジュール

導入 （5分）	『学び合い』は、ただ立ち歩きを認める授業とは違い、一人も見捨てないことを実現しようとすれば、必然的に立ち歩く必要がある授業だと確認する。
『学び合い』スタート （40分）	計算問題は正解することがゴールではなく、説明しサインをもらうことまで徹底するように伝える。
振り返り （5分）	"一人も見捨てない"という考え方でクラスの集団を見た時のよかった点、改善すべき点を伝える。

この授業のポイントと、クラス全体への声かけの例

▶課題プリントを配る時の、生徒へのひと言

- 「今日の課題は、つまずくところが人それぞれ違うから、クラス全員が1つのチームになって全員達成を実現してください。このクラスなら、かならずできますよ」

▶生徒の様子に応じた、授業展開の声かけの例

序盤での声かけ例：挑戦を促したい時

> 「計算に自信がない人は、たくさん説明に挑戦しよう」「わからないって言うのは恥ずかしいことではないんですよ。わからないから教えてと言えるクラスっていいクラスですね」

中盤での声かけ例：理解の深さに気づくよう促したい時

> 「小数と小数の割り算の方法を友達に伝えて友達の考え方もしっかり聞いてください」「割り算は、逆数をかけることと同じということをみんな本当に理解しているのかな。説明できることをわかるというんだよ」

終盤の声かけ例：全員達成を促したい時

> 「授業を通してクラスの関係がよくなるといいね。いろんな人に自分の説明を聞いてもらおう」

正負の数の乗法・除法について

クラス全員が問題を説明できてサインをもらおう

1年（　　）組（　　）番　名前（　　　　　　　　　）

> 正の数どうしの積は正の数ですが，負の数の積は符号に注意が必要です。正の数・負の数の乗法と除法は，かならず全員が理解しなければいけない内容です。クラスのたった一人も見捨てることがないようにみんなで今日の課題を説明できるようになりましょう。

1

次の計算は，どのように考えるかを男女1人ずつの合計2人に説明し，納得してもらえたらサインをもらいなさい。

(1) $(-5) \times 2$　　(2) $(-6) \times (-7)$　　(3) $9 \times (-11)$　　(4) $(-12) \times (-10)$

(5) $(-12) \div 4$　　(6) $21 \div (-7)$　　(7) $(-42) \div (-21)$　　(8) $(-63) \div (-36)$

(9) $(-1.5) \times 6$　　(10) $(-4.6) \times (-0.5)$　　(11) $0.9 \div (-3)$　　(12) $0 \div (-2)$

2

次の計算は，どのように考えるか男女1人ずつの合計2人に説明し，納得してもらえたらサインをもらいなさい。

(1) $\left(-\dfrac{3}{4}\right) \times \dfrac{6}{7}$　　(2) $\left(-\dfrac{4}{15}\right) \times \left(-\dfrac{5}{8}\right)$　　(3) $\dfrac{1}{3} \times \left(-\dfrac{6}{5}\right)$

(4) $\dfrac{6}{7} \div (-9)$　　(5) $(-4) \div \dfrac{1}{2}$　　(6) $\left(-\dfrac{2}{3}\right) \div \left(-\dfrac{4}{9}\right)$

解答 正負の数の乗法・除法について

クラス全員が問題を説明できてサインをもらおう

1年（　　）組（　　）番　名前（　　　　　　　　）

> 正の数どうしの積は正の数ですが，負の数の積は符号に注意が必要です。正の数・負の数の乗法と除法は，かならず全員が理解しなければいけない内容です。クラスのたった一人も見捨てることがないようにみんなで今日の課題を説明できるようになりましょう。

1

次の計算は，どのように考えるかを男女1人ずつの合計2人に説明し，納得してもらえたらサインをもらいなさい。

(1) $(-5) \times 2$
$= -10$

(2) $(-6) \times (-7)$
$= 42$

(3) $9 \times (-11)$
$= -99$

(4) $(-12) \times (-10)$
$= 120$

(5) $(-12) \div 4$
$= -3$

(6) $21 \div (-7)$
$= -3$

(7) $(-42) \div (-21)$
$= 2$

(8) $(-63) \div (-36)$
$= \dfrac{7}{4}$

(9) $(-1.5) \times 6$
$= -9$

(10) $(-4.6) \times (-0.5)$
$= 2.3$

(11) $0.9 \div (-3)$
$= -0.3$

(12) $0 \div (-2)$
$= 0$

2

次の計算は，どのように考えるか男女1人ずつの合計2人に説明し，納得してもらえたらサインをもらいなさい。

(1) $\left(-\dfrac{3}{4}\right) \times \dfrac{6}{7}$
$= -\dfrac{9}{14}$

(2) $\left(-\dfrac{4}{15}\right) \times \left(-\dfrac{5}{8}\right)$
$= \dfrac{1}{6}$

(3) $\dfrac{1}{3} \times \left(-\dfrac{6}{5}\right)$
$= -\dfrac{2}{5}$

(4) $\dfrac{6}{7} \div (-9)$
$= -\dfrac{2}{21}$

(5) $(-4) \div \dfrac{1}{2}$
$= -8$

(6) $\left(-\dfrac{2}{3}\right) \div \left(-\dfrac{4}{9}\right)$
$= \dfrac{3}{2}$

1　正の数・負の数

6　累乗を含む式の計算

▶本時の目標（黒板に板書や紙で示す）
- 累乗を含む乗法と除法を全員が計算できる。
- 授業の目標をそれぞれの生徒が意識し、目標の達成に向けて一人も見捨てずに学習する。

▶準備するもの
次の見開きページの左側ページを生徒の人数分、拡大して印刷する。右側の解答ページをA3サイズ程度に数枚拡大コピーして教卓に置くか、黒板に貼る。生徒どうしの議論が大切なので、解答は全員には配付しない。過去のプリントの模範解答ファイルを教卓に置く（準備全般についてはP36を参照）。

▶授業のタイムスケジュール

導入 （5分）	友達の説明にサインをする時には、あいまいな説明でサインをしないように声をかける。それでは見捨てていることと同じだと語る。
『学び合い』スタート （40分）	累乗の計算で、正や負の符号間違いがないように確認し合うことを語る。
振り返り （5分）	"一人も見捨てない"という考え方でクラスの集団を見た時のよかった点、改善すべき点を伝える。

この授業のポイントと、クラス全体への声かけの例

▶課題プリントを配る時の、生徒へのひと言

- 「累乗を含む乗法と除法の計算は、どこから計算すればいいのかを自分の言葉で説明できることがとても大切ですよ。答えが合っていればそれでいいのではありません。サインをもらう努力をしましょうね」

▶生徒の様子に応じた、授業展開の声かけの例

序盤での声かけ例：互いの関わり方の変化を促したい時

「サインは、すべて違う人からもらえると理解が深まるね」「休み時間を一緒に過ごす友達にこだわらず、『学び合い』ではクラス全体で関わりをもてるようにしよう」

中盤での声かけ例：困難を感じる生徒達を励ましたい時

「分数の計算が苦手な人は、たくさん説明をして自信をつけよう」「説明することで、自分もみんなも得をするよ」

終盤の声かけ例：深い理解を促したい時

「説明する時は、友達の説明をそのまま繰り返すのではなく、自分なりの言葉に言いかえよう」

累乗を含む式の計算について
クラス全員が問題を説明できてサインをもらおう

1年（　　　）組（　　　）番　名前（　　　　　　　　　　　）

> 同じ数を掛け算する場合、累乗を使って表します。負の数に累乗がある場合は、とくに注意が必要です。

1

次の値がいくつになるかを答えるには、どのような計算をするかを男女1人ずつの合計2人に説明し、納得してもらえたらサインをもらいなさい。

(1) 4^2　　(2) $(-2)^2$　　(3) -2^2　　(4) $\left(-\dfrac{2}{3}\right)^3$

2

次の計算をするには、どのように考えるかを男女1人ずつの合計2人に説明し、納得してもらえたらサインをもらいなさい。

(1) $(-3^2) \times (-2)$　　(2) $(-3)^3 \div 9^2$　　(3) $(-2)^2 \times (-12) \div (-4)^2$

(4) $\left(-\dfrac{1}{2}\right)^2 \div \left(-\dfrac{3}{4}\right)^2 \times 3^2$　　(5) $\left(-\dfrac{3}{2}\right)^2 \times \left(\dfrac{1}{3}\right)^3 \div \left(-\dfrac{2}{3}\right)^3$

3

次の計算で間違っているところを見つけ、間違っている箇所を訂正する説明を男女1人ずつの合計2人にし、納得してもらえたらサインをもらいなさい。

(1) $(-3)^2 \times (-2^3) = -3 \times 3 \times (-2) \times (-2) \times (-2) = 72$

(2) $4 \div 2^2 = 4 \div 2 \times 2 = 4 \times \dfrac{1}{2} \times 2 = 4$

解答

累乗を含む式の計算について
クラス全員が問題を説明できてサインをもらおう

1年（　　）組（　　）番　名前（　　　　　　　　　）

同じ数を掛け算する場合，累乗を使って表します。負の数に累乗がある場合は，とくに注意が必要です。

1

次の値がいくつになるかを答えるには，どのような計算をするかを男女1人ずつの合計2人に説明し，納得してもらえたらサインをもらいなさい。

(1) 4^2
$= 4 \times 4$
$= 16$

(2) $(-2)^2$
$= (-2) \times (-2)$
$= 4$

(3) -2^2
$= -2 \times 2$
$= -4$

(4) $\left(-\dfrac{2}{3}\right)^3$
$= \left(-\dfrac{2}{3}\right) \times \left(-\dfrac{2}{3}\right) \times \left(-\dfrac{2}{3}\right)$
$= -\dfrac{8}{27}$

2

次の計算をするには，どのように考えるかを男女1人ずつの合計2人に説明し，納得してもらえたらサインをもらいなさい。

(1) $(-3^2) \times (-2)$
$= (-9) \times (-2)$
$= 18$

(2) $(-3)^3 \div 9^2$
$= (-27) \div 81$
$= -\dfrac{1}{3}$

(3) $(-2)^2 \times (-12) \div (-4)^2$
$= 4 \times (-12) \div 16$
$= -3$

(4) $\left(-\dfrac{1}{2}\right)^2 \div \left(-\dfrac{3}{4}\right)^2 \times 3^2$
$= \dfrac{1}{4} \div \dfrac{9}{16} \times 9$
$= \dfrac{1}{4} \times \dfrac{16}{9} \times 9$
$= 1$

(5) $\left(-\dfrac{3}{2}\right)^2 \times \left(\dfrac{1}{3}\right)^3 \div \left(-\dfrac{2}{3}\right)^3$
$= \dfrac{9}{4} \times \dfrac{1}{27} \div \left(-\dfrac{8}{27}\right)$
$= \dfrac{9}{4} \times \dfrac{1}{27} \times \left(-\dfrac{27}{8}\right)$
$= -\dfrac{9}{32}$

3

次の計算で間違っているところを見つけ，間違っている箇所を訂正する説明を男女1人ずつの合計2人にし，納得してもらえたらサインをもらいなさい。

(1) $(-3)^2 \times (-2^3) = (-3) \times (-3) \times (-2 \times 2 \times 2) = -72$

(2) $4 \div 2^2 = 4 \div 4 = 4 \times \dfrac{1}{4} = 1$

1 正の数・負の数

7 四則の混じった式の計算

▶本時の目標（黒板に板書や紙で示す）

- 四則やカッコや累乗が混じった計算を全員ができる。
- 授業の目標をそれぞれの生徒が意識し、目標の達成に向けて一人も見捨てずに学習する。

▶準備するもの

次の見開きページの左側ページを生徒の人数分、拡大して印刷する。右側の解答ページをA3サイズ程度に数枚拡大コピーして教卓に置くか、黒板に貼る。生徒どうしの議論が大切なので、解答は全員には配付しない。過去のプリントの模範解答ファイルを教卓に置く（準備全般についてはP36を参照）。

▶授業のタイムスケジュール

導入 （5分）	つまずいているところ、わかり方は人それぞれ違うので、できるだけたくさんの人と交流しながら課題に取り組むことを伝える。
『学び合い』スタート （40分）	計算に自信がない人は、計算が得意な人に自分の計算方法を説明する。説明する回数が多いほど理解が深まることを伝える。
振り返り （5分）	"一人も見捨てない"という考え方でクラスの集団を見た時のよかった点、改善すべき点を伝える。

この授業のポイントと、クラス全体への声かけの例

▶課題プリントを配る時の、生徒へのひと言
- 「今日の問題は、一つひとつの計算の手順を自分の言葉で自信を持って説明できるようになりましょう。うっかり符号を間違えることがよくあるので、注意をしましょうね」

▶生徒の様子に応じた、授業展開の声かけの例

序盤での声かけ例：グループに人数が多すぎる時に動きを促すために

「自分がそのグループの話についていけないと思ったら、「私、あっちに行ってくる」と気楽に言えるクラスがいいね」「計算は正解していれば終わりではなく、説明することを大切にしてください」

中盤での声かけ例：いろいろなところで勉強できるよう促したい時

「同じグループで勉強するだけよりも、いろいろなところで勉強できるほうが力になるよ」「すぐにできた人が積極的に困っている人に気づく努力をしてください。一人も見捨てないでください」

終盤の声かけ例：時間いっぱい取り組ませたい時

「あいまいなところがある人は、この時間内で解決してください。友達に説明できることがわかるということです」「困っている人には、気をかけよう！　声をかけよう！　時間をかけよう！」

四則の混じった式の計算について
クラス全員が問題を説明できてサインをもらおう

1年（　　）組（　　）番　名前（　　　　　　　　）

1

次の計算は，どのように考えるかを男女1人ずつの合計2人に説明し，納得してもらえたらサインをもらいなさい。

(1) $3 - 4 \times 5$　　(2) $10 + (-12) \div 4$　　(3) $(-7) \times 2 + 14$

(4) $6 - 8 \div (-4)$　　(5) $(-32) \div (-8) - 9$　　(6) $-4 - 48 \div (-8)$

2

次の計算は，どのように考えるかを男女1人ずつの合計2人に説明し，納得してもらえたらサインをもらいなさい。

(1) $18 \div (-6) + 3 \times 2$　　(2) $7 \times (-5) + (-9) \div 3$　　(3) $30 \div (-6) - 3 \times 4$

(4) $(-8) \times (-2) + 16 \div (-4)$　　(5) $45 \div (-9) - 72 \div (-8)$

(6) $42 \div (-7) - (-54) \div (-9)$　　(7) $-6 \times (-3) + 30 \div (-15)$

(8) $-11 - (-10) \times 2 + 3$　　(9) $-2 - 36 \div (-18) + 2$

3

次の計算は，どのように考えるかを男女1人ずつの合計2人に説明し，納得してもらえたらサインをもらいなさい。

(1) $(-7) + (-2^3) \div 4$　　(2) $4 + 3 \times (2 - 5)$　　(3) $-7 + (8 - 2) \div 3$

(4) $(-5) \times (-6 - 3) + 4$　　(5) $6 + 4 \times (3^2 - 12)$　　(6) $12 + (5 - 2^2) \times 3$

解答

四則の混じった式の計算について
クラス全員が問題を説明できてサインをもらおう

1年（　　）組（　　）番　名前（　　　　　　　　　）

1

次の計算は，どのように考えるかを男女1人ずつの合計2人に説明し，納得してもらえたらサインをもらいなさい。

(1) $3 - 4 \times 5$
　$= -17$

(2) $10 + (-12) \div 4$
　$= 7$

(3) $(-7) \times 2 + 14$
　$= 0$

(4) $6 - 8 \div (-4)$
　$= 8$

(5) $(-32) \div (-8) - 9$
　$= -5$

(6) $-4 - 48 \div (-8)$
　$= 2$

2

次の計算は，どのように考えるかを男女1人ずつの合計2人に説明し，納得してもらえたらサインをもらいなさい。

(1) $18 \div (-6) + 3 \times 2$
　$= 3$

(2) $7 \times (-5) + (-9) \div 3$
　$= -38$

(3) $30 \div (-6) - 3 \times 4$
　$= -17$

(4) $(-8) \times (-2) + 16 \div (-4)$
　$= 12$

(5) $45 \div (-9) - 72 \div (-8)$
　$= 4$

(6) $42 \div (-7) - (-54) \div (-9)$
　$= -12$

(7) $-6 \times (-3) + 30 \div (-15)$
　$= 16$

(8) $-11 - (-10) \times 2 + 3$
　$= 12$

(9) $-2 - 36 \div (-18) + 2$
　$= 2$

3

次の計算は，どのように考えるかを男女1人ずつの合計2人に説明し，納得してもらえたらサインをもらいなさい。

(1) $(-7) + (-2^3) \div 4$
　$= -9$

(2) $4 + 3 \times (2 - 5)$
　$= -5$

(3) $-7 + (8 - 2) \div 3$
　$= -5$

(4) $(-5) \times (-6 - 3) + 4$
　$= 49$

(5) $6 + 4 \times (3^2 - 12)$
　$= -6$

(6) $12 + (5 - 2^2) \times 3$
　$= 15$

2 文字と式

1 文字式で表す

▶本時の目標（黒板に板書や紙で示す）

- 文字式のきまりに従い、全員が言葉の意味を文字式で書きかえられる。
- 授業の目標をそれぞれの生徒が意識し、目標の達成に向けて一人も見捨てずに学習する。

▶準備するもの

次の見開きページの左側ページを生徒の人数分、拡大して印刷する。右側の解答ページをA3サイズ程度に数枚拡大コピーして教卓に置くか、黒板に貼る。生徒どうしの議論が大切なので、解答は全員には配付しない。過去のプリントの模範解答ファイルを教卓に置く（準備全般についてはP36を参照）。

▶授業のタイムスケジュール

導入 （5分）	クラス全員が課題を理解できることを、クラス全員で目指し、本気で一人も見捨てない集団になることを確認する。
『学び合い』スタート （40分）	つまずいているのに課題解決に向けて動けていない人に声をかけていく。
振り返り （5分）	一人も見捨てずに、困っている人に気づく努力ができたか、困っている時に人の力を借りることができたかを振り返る。

この授業のポイントと、クラス全体への声かけの例

▶課題プリントを配る時の、生徒へのひと言

- 「文字を使ってあることがらを表すことができると、日本語の文章を文字式で表すことができます。文字だと難しい人は、文字を数字の代表だと考えてみよう」

▶生徒の様子に応じた、授業展開の声かけの例

序盤での声かけ例：難しい問題にもあきらめず挑戦させたい時

「今日の課題はとても難しいです。理解したつもりのままにならないようにしよう」「一人では難しい問題もクラスがチームになれば全員が説明できるようになるから、みんなで取り組もう」

中盤での声かけ例：教え方に工夫をさせたい時

「「教えて！」という人に対して最初からすべて説明してしまわず、相手に質問しながら説明していこう」「大問3の(4)～(6)は、とくに説明できることを大切にしてください」

終盤の声かけ例：クラスにチームの意識を持たせたい時

「あきらめそうになっている人がいたら、絶対に声をかけてくださいね。このクラスのみんなは、今日の課題を全員が解説できることを達成しよう。とても大切な問題ばかりですよ」

文字式で表すことについて
クラス全員が問題を説明できてサインをもらおう

1年（　　）組（　　）番　名前（　　　　　　　　　）

1

次の数量を文字式で表すとどのようになるかを男女1人ずつの合計2人に説明し，納得してもらえたらサインをもらいなさい。

(1) x と y の積を3倍する

(2) a と b の差を5倍する（$a > b$ とする。）

(3) x を7で割った数から x と x の積を引く

(4) a の3乗を b で割って c を加える

2

次の式を×と÷の記号を使って表すとどのようになるかを男女1人ずつの合計2人に説明し，納得してもらえたらサインをもらいなさい。

(1) $4xy$　　　(2) $-2a^2$　　　(3) $-x$　　　(4) $\dfrac{x}{8}$

(5) $\dfrac{2x}{3}$　　　(6) $\dfrac{yz}{x^2}$　　　(7) $\dfrac{-x^2}{7}$　　　(8) $\dfrac{x-y}{5}$

3

次の数量を表す式はどのようになるかを男女1人ずつの合計2人に説明し，納得してもらえたらサインをもらいなさい。

(1) 1冊 a 円のノート3冊の代金

(2) 長さ x cmのテープを6人で等分した時の1人分の長さ

(3) 1個 x 円のリンゴ3個と1個 y 円のバナナ2個の代金

(4) 時速50kmで a 時間進んだ時の道のり

(5) 面積が x m² の35%の面積

(6) a 円の2割引の値段

解答

文字式で表すことについて
クラス全員が問題を説明できてサインをもらおう

1年（　　）組（　　）番　名前（　　　　　　　　　　）

1

次の数量を文字式で表すとどのようになるかを男女1人ずつの合計2人に説明し，納得してもらえたらサインをもらいなさい。

(1) x と y の積を3倍する
　答え $3xy$

(2) a と b の差を5倍する（$a > b$ とする。）
　答え $5(a-b)$

(3) x を7で割った数から x と x の積を引く
　答え $\dfrac{x}{7} - x^2$

(4) a の3乗を b で割って c を加える
　答え $\dfrac{a^3}{b} + c$

2

次の式を×と÷の記号を使って表すとどのようになるかを男女1人ずつの合計2人に説明し，納得してもらえたらサインをもらいなさい。

(1) $4xy$
　答え $4 \times x \times y$

(2) $-2a^2$
　答え $(-2) \times a \times a$

(3) $-x$
　答え $(-1) \times x$

(4) $\dfrac{x}{8}$
　答え $x \div 8$

(5) $\dfrac{2x}{3}$
　答え $2 \times x \div 3$

(6) $\dfrac{yz}{x^2}$
　答え $y \times z \div x \div x$

(7) $\dfrac{-x^2}{7}$
　答え $(-1) \times x \times x \div 7$

(8) $\dfrac{x-y}{5}$
　答え $(x-y) \div 5$

3

次の数量を表す式はどのようになるかを男女1人ずつの合計2人に説明し，納得してもらえたらサインをもらいなさい。

(1) 1冊 a 円のノート3冊の代金
　答え $3a$（円）

(2) 長さ x cmのテープを6人で等分した時の1人分の長さ
　答え $\dfrac{x}{6}$（cm）

(3) 1個 x 円のリンゴ3個と1個 y 円のバナナ2個の代金
　答え $3x+2y$（円）

(4) 時速50kmで a 時間進んだ時の道のり
　答え $50a$（km）

(5) 面積が x m^2 の35%の面積
　答え $0.35x$（m^2）

(6) a 円の2割引の値段
　答え $0.8a$（円）

2 文字と式

2 文字式で表された数量を答える

▶本時の目標（黒板に板書や紙で示す）

- 文字を使って表された式から、式の意味を全員が理解できる。
- 授業の目標をそれぞれの生徒が意識し、目標の達成に向けて一人も見捨てずに学習する。

▶準備するもの

次の見開きページの左側ページを生徒の人数分、拡大して印刷する。右側の解答ページをA3サイズ程度に数枚拡大コピーして教卓に置くか、黒板に貼る。生徒どうしの議論が大切なので、解答は全員には配付しない。過去のプリントの模範解答ファイルを教卓に置く（準備全般についてはP36を参照）。

▶授業のタイムスケジュール

導入 （5分）	クラス全員が課題を理解できることを、クラス全員で目指し、本気で一人も見捨てない集団になることを確認する。
『学び合い』スタート （40分）	偶数や奇数を具体的な数字で書くことはできるが、文字を使って表わす時はそれらの定義が必要になるので、定義をあいまいにしないように声をかける。
振り返り （5分）	一人も見捨てずに、困っている人に気づく努力ができたか、困っている時に人の力を借りることができたかを振り返る。

この授業のポイントと、クラス全体への声かけの例

▶課題プリントを配る時の、生徒へのひと言

- 「今日の課題には、偶数や奇数を文字式で表す問題があります。偶数や奇数の言葉の意味を理解すれば、文字式で表せますよ」

▶生徒の様子に応じた、授業展開の声かけの例

序盤での声かけ例：関わりを気軽に持てるようにするために

「隣の席の人が、いまどこでつまずいているか、困っていないか、どんどん気にしていきましょうね」「答えは正解していても解説できるところまでがんばろう」

中盤での声かけ例：暗記ではなく、説明することを大切にさせたい時

「大問3の偶数、奇数、3の倍数は暗記しておしまいではなく、自分の言葉で説明できるまで理解しよう」「自分の説明がどこでも通用することをいろいろなところで確認しよう」

終盤の声かけ例：あいまいな理解で終わらせないために

「正解しても自信がない問題があれば、説明できる努力をしよう」「大問4の(2)は、計算で求めるやり方の説明ができるようになろう」

文字式で表された数量を答える

クラス全員が問題を説明できてサインをもらおう

1年(　　　)組(　　　)番　名前(　　　　　　　　　)

1

下の長方形で，次の式はどんな数量を表しているかを男女1人ずつの合計2人に説明し，納得してもらえたらサインをもらいなさい。

(1) xy
(2) $x + y$
(3) $2(x + y)$

2

1本 a 円のえんぴつと1本 b 円のシャープペンシルがある。この時，次の式はどんな数量を表しているかを男女1人ずつの合計2人に説明し，納得してもらえたらサインをもらいなさい。

(1) $3a$
(2) $9a + 2b$
(3) $\dfrac{a + b}{2}$

3

n を自然数とする時，次のことがらを n を使った式で表す場合，どのように表せるかを男女1人ずつの合計2人に説明し，納得してもらえたらサインをもらいなさい。

(1) 偶数　　　(2) 奇数　　　(3) 3の倍数

4

次の式を，×，÷を使って表す時，どのように表せるかを男女1人ずつの合計2人に説明し，納得してもらえたらサインをもらいなさい。

(1) $\dfrac{ab}{2}$　　(2) $-\dfrac{5a}{b}$　　(3) $\dfrac{a}{bc}$

(4) $-\dfrac{a^2 b}{c}$　　(5) $\dfrac{6(a+b)}{c}$　　(6) $-2x^2 + 3xy$

解答

文字式で表された数量を答える
クラス全員が問題を説明できてサインをもらおう

1年（　　）組（　　）番　名前（　　　　　　　　　）

1

下の長方形で，次の式はどんな数量を表しているかを男女1人ずつの合計2人に説明し，納得してもらえたらサインをもらいなさい。

(1) xy　　　　　　　　　**答え** 長方形の面積

(2) $x+y$　　　　　　　　**答え** 長方形の縦と横の長さの和

(3) $2(x+y)$　　　　　　**答え** 長方形の周の長さ

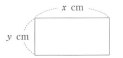

2

1本 a 円のえんぴつと1本 b 円のシャープペンシルがある。この時，次の式はどんな数量を表しているかを男女1人ずつの合計2人に説明し，納得してもらえたらサインをもらいなさい。

(1) $3a$　　　　**答え** えんぴつ3本の代金

(2) $9a+2b$　　**答え** えんぴつ9本とシャープペンシル2本の代金

(3) $\dfrac{a+b}{2}$　　**答え** えんぴつ1本とシャープペンシル1本の平均の値段

3

n を自然数とする時，次のことがらを n を使った式で表す場合，どのように表せるかを男女1人ずつの合計2人に説明し，納得してもらえたらサインをもらいなさい。

(1) 偶数　　　　(2) 奇数　　　　(3) 3の倍数

答え $2n$　　　**答え** $2n+1$　　　**答え** $3n$

4

次の式を，×，÷を使って表す時，どのように表せるかを男女1人ずつの合計2人に説明し，納得してもらえたらサインをもらいなさい。

(1) $\dfrac{ab}{2}$　　　　(2) $-\dfrac{5a}{b}$　　　　(3) $\dfrac{a}{bc}$

　答え $a\times b\div 2$　　**答え** $-5\times a\div b$　　**答え** $a\div b\div c$

(4) $-\dfrac{a^2 b}{c}$　　(5) $\dfrac{6(a+b)}{c}$　　(6) $-2x^2+3xy$

　答え $-a\times a\times b\div c$　　**答え** $6\times(a+b)\div c$　　**答え** $-2\times x\times x+3\times x\times y$

2 文字と式

3 式の値

▶本時の目標（黒板に板書や紙で示す）

- 式の値を全員が求められる。
- 授業の目標をそれぞれの生徒が意識し、目標の達成に向けて一人も見捨てずに学習する。

▶準備するもの

次の見開きページの左側ページを生徒の人数分、拡大して印刷する。右側の解答ページをA3サイズ程度に数枚拡大コピーして教卓に置くか、黒板に貼る。生徒どうしの議論が大切なので、解答は全員には配付しない。過去のプリントの模範解答ファイルを教卓に置く（準備全般についてはP36を参照）。

▶授業のタイムスケジュール

導入 （5分）	クラス全員が課題を理解できることを、クラス全員で目指し、本気で一人も見捨てない集団になることを確認する。
『学び合い』スタート （40分）	計算は自分一人で解けるだけでなく、人に説明できることを大切にする。
振り返り （5分）	一人も見捨てずに、困っている人に気づく努力ができたか、困っている時に人の力を借りることができたかを振り返る。

この授業のポイントと、クラス全体への声かけの例

▶課題プリントを配る時の、生徒へのひと言

- 「式の値を求めるには、四則計算を理解しておかなければいけません。四則計算でつまずいている人がいれば、つまずいているところはみんな違うので、自分のつまずきを友達に伝えられるようにしよう」

▶生徒の様子に応じた、授業展開の声かけの例

序盤での声かけ例：厳しくチェックさせたい時

「大問１の説明に、あいまいな部分があればきちんと訂正してあげよう」「あいまいだと感じたところを質問してあげてください」「あいまいなところがあるのに、サインをするのはよくないことですよ」

中盤での声かけ例：既に習った内容でつまずいている生徒がいる場合

「式の値を求める問題は、文字式のきまりや四則が混じった計算ができることが必要です。既に習った内容でつまずいているところがあれば、そこからやり直しをしよう。今日の課題だけしかやってはいけないわけではないですよ」

終盤の声かけ例：一人も見捨てないことを意識させたい時

「式の値は、いままでに勉強したことを使って求めます。クラス全員が説明できることをクラス全員で目指そう」

式の値について

クラス全員が問題を説明できてサインをもらおう

1年（　　）組（　　）番　名前（　　　　　　　　）

> 文字を含む式で，その文字の値がわかれば代入して式の値を求めることができます。たとえば，$2x+10$ で $x=3$ の場合の式の値を求めるには，2とxは掛け算されていることを忘れないように注意が必要です。

1

$x = -4$ の時，次の式の値の求め方を男女1人ずつの合計2人に説明し，納得してもらえたらサインをもらいなさい。

(1) $x - 1$　　(2) $4 - x$　　(3) $-4 - x$　　(4) $\dfrac{20}{x}$

(5) $3x^2$　　(6) $-x^2$　　(7) $(-x)^3$　　(8) $\dfrac{8}{(-x)^2}$

2

次の式の値の求め方を男女1人ずつの合計2人に説明し，納得してもらえたらサインをもらいなさい。

(1) $a = -2$, $b = 3$ の時，$3a + 9b$ の値

(2) $x = 1$, $y = -3$ の時，$x^2 - \dfrac{1}{4}y$ の値

(3) $x = -\dfrac{1}{2}$ の時，$-\dfrac{8}{x}$ の値

(4) $x = -\dfrac{1}{3}$, $y = 2$ の時，$x^2 + y$ の値

解答

式の値について
クラス全員が問題を説明できてサインをもらおう

1年（　　）組（　　）番　名前（　　　　　　　　　　）

文字を含む式で，その文字の値がわかれば代入して式の値を求めることができます。たとえば，$2x+10$で$x=3$の場合の式の値を求めるには，2とxは掛け算されていることを忘れないように注意が必要です。

1

$x=-4$の時，次の式の値の求め方を男女1人ずつの合計2人に説明し，納得してもらえたらサインをもらいなさい。

(1) $x-1$

答え -5

(2) $4-x$

答え 8

(3) $-4-x$

答え 0

(4) $\dfrac{20}{x}$

答え -5

(5) $3x^2$

答え 48

(6) $-x^2$

答え -16

(7) $(-x)^3$

答え 64

(8) $\dfrac{8}{(-x)^2}$

答え $\dfrac{1}{2}$

2

次の式の値の求め方を男女1人ずつの合計2人に説明し，納得してもらえたらサインをもらいなさい。

(1) $a=-2$, $b=3$の時，$3a+9b$の値

答え 21

(2) $x=1$, $y=-3$の時，$x^2-\dfrac{1}{4}y$の値

答え $\dfrac{7}{4}$

(3) $x=-\dfrac{1}{2}$の時，$-\dfrac{8}{x}$の値

答え 16

(4) $x=-\dfrac{1}{3}$, $y=2$の時，x^2+yの値

答え $\dfrac{19}{9}$

2 文字と式

4　1次式の加法・減法

▶本時の目標（黒板に板書や紙で示す）
- 1次式の加法と減法を全員ができる。
- 授業の目標をそれぞれの生徒が意識し、目標の達成に向けて一人も見捨てずに学習する。

▶準備するもの

次の見開きページの左側ページを生徒の人数分、拡大して印刷する。右側の解答ページをA3サイズ程度に数枚拡大コピーして教卓に置くか、黒板に貼る。生徒どうしの議論が大切なので、解答は全員には配付しない。過去のプリントの模範解答ファイルを教卓に置く（準備全般についてはP36を参照）。

▶授業のタイムスケジュール

導入 （5分）	クラス全員が課題を理解できることを、クラス全員で目指し、本気で一人も見捨てない集団になることを確認する。
『学び合い』スタート （40分）	言葉の意味を正しく理解するために、自分の言葉で説明するように声をかける。
振り返り （5分）	自分は一人も見捨てない行動をとることができたかをしっかりと振り返る。

この授業のポイントと、クラス全体への声かけの例

▶課題プリントを配る時の、生徒へのひと言

- 「言葉の意味は、教科書に載っていることを暗記するのではなく、自分の言葉で友達に伝えることができるようになろう」
- 「分数を含む計算が苦手な人は、たくさんの友達に説明することに挑戦してくださいね」

▶生徒の様子に応じた、授業展開の声かけの例

序盤での声かけ例：サインすることをマンネリ化させないために

「大問1の問題は、なんとなく正解している状態でサインをもらうことがないようにみんなで注意しようね」「大問1の(2)では、単項式と多項式の説明ができる必要があるよ」

中盤での声かけ例：既習事項をさかのぼる必要がある生徒のために

「文字の項をまとめられることは理解していても、分数や小数の計算に自信がない人はこの時間で解決しよう」「式の中のカッコを外す時に分配法則を使いますよ。カッコの外し方に自信がない人は、友達に力を貸してもらう努力をしよう」

終盤の声かけ例：全員達成を意識させたい時

「1次式の加法・減法は、このクラスなら全員解けることを達成しよう。わからないところは人それぞれなので、自信がないところは伝えなければいけないよ」

1次式の加法・減法について

クラス全員が問題を説明できてサインをもらおう

1年（　　）組（　　）番　名前（　　　　　　　　　）

1

次の問いに答えなさい。

(1)「多項式の項」，「各項の係数」の言葉の意味を男女1人ずつの合計2人に説明し，納得してもらえたらサインをもらいなさい。

(2) 次の①から⑤の式の中から1次式に○印をつけなさい。1次式とはどのような式か，また1次式かそうでないかをどのように判断すればよいかを男女1人ずつの合計2人に説明し，納得してもらえたらサインをもらいなさい。

① $4x - 5$　　② $xy - 4$　　③ $-a$　　④ $\frac{1}{3} - x^2$　　⑤ $b - a$

2

次の式を簡単にするには，どのように考えればよいかを男女1人ずつの合計2人に説明し，納得してもらえたらサインをもらいなさい。

(1) $7x + 3 + x$　　(2) $3x + 4 + 6x - 6$　　(3) $-a - 1 + 9a - 7$

(4) $\frac{2}{7}x + \frac{3}{7}x$　　(5) $\frac{1}{3}x - \frac{1}{4}x$　　(6) $2.4a - 3.1a$

(7) $3a + (-2a + 6)$　　(8) $8x - 2 - (2 - 6x)$　　(9) $(2x - 3) + (5x + 8)$

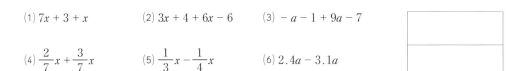

(10) $(3x - 4) + (7x + 2)$　　(11) $(x - 3) - (-3x - 1)$　　(12) $(4x - 7) - (-x - 7)$

解答

1次式の加法・減法について
クラス全員が問題を説明できてサインをもらおう

1年（　）組（　）番　名前（　　　　　　　）

1

次の問いに答えなさい。

(1)「多項式の項」,「各項の係数」の言葉の意味を男女1人ずつの合計2人に説明し，納得してもらえたらサインをもらいなさい。

答え 多項式の項:多項式の中の1つ1つの単項式のこと
　　　各項の係数:単項式の変数の積にかかっている定数のこと

(2) 次の①から⑤の式の中から1次式に○印をつけなさい。1次式とはどのような式か，また1次式かそうでないかをどのように判断すればよいかを男女1人ずつの合計2人に説明し，納得してもらえたらサインをもらいなさい。

（①$4x-5$）　②$xy-4$　（③$-a$）　④$\dfrac{1}{3}-x^2$　（⑤$b-a$）

2

次の式を簡単にするには，どのように考えればよいかを男女1人ずつの合計2人に説明し，納得してもらえたらサインをもらいなさい。

(1) $7x+3+x$
答え $8x+3$

(2) $3x+4+6x-6$
答え $9x-2$

(3) $-a-1+9a-7$
答え $8a-8$

(4) $\dfrac{2}{7}x+\dfrac{3}{7}x$
答え $\dfrac{5}{7}x$

(5) $\dfrac{1}{3}x-\dfrac{1}{4}x$
答え $\dfrac{1}{12}x$

(6) $2.4a-3.1a$
答え $-0.7a$

(7) $3a+(-2a+6)$
答え $a+6$

(8) $8x-2-(2-6x)$
答え $14x-4$

(9) $(2x-3)+(5x+8)$
答え $7x+5$

(10) $(3x-4)+(7x+2)$
答え $10x-2$

(11) $(x-3)-(-3x-1)$
答え $4x-2$

(12) $(4x-7)-(-x-7)$
答え $5x$

2 文字と式

5 1次式の乗法・除法

▶本時の目標（黒板に板書や紙で示す）

- 1次式の乗法と除法が全員できる。
- 授業の目標をそれぞれの生徒が意識し、目標の達成に向けて一人も見捨てずに学習する。

▶準備するもの

次の見開きページの左側ページを生徒の人数分、拡大して印刷する。右側の解答ページをA3サイズ程度に数枚拡大コピーして教卓に置くか、黒板に貼る。生徒どうしの議論が大切なので、解答は全員には配付しない。過去のプリントの模範解答ファイルを教卓に置く（準備全般についてはP36を参照）。

▶授業のタイムスケジュール

導入 （5分）	クラス全員が課題を理解できることを、クラス全員で目指し、本気で一人も見捨てない集団になることを確認する。
『学び合い』スタート （40分）	大問3の(4)～(6)が解説できるために大問1、2があるので、そこでつまずいている生徒がいれば、解決するために必要な行動ができるよう声をかけていく。
振り返り （5分）	一人も見捨てずに、困っている人に気づく努力ができたか、困っている時に人の力を借りることができたかを振り返る。

この授業のポイントと、クラス全体への声かけの例

▶課題プリントを配る時の、生徒へのひと言

- 「除法を乗法に書きかえることにつまずいてしまう人は、どこでつまずいているかを伝えられるようにしよう」
- 「分配法則を使ったあと、文字の部分が同じ項と数の項をそれぞれまとめなければいけないので、忘れないように注意してくださいね」

▶生徒の様子に応じた、授業展開の声かけの例

序盤での声かけ例：声かけのバランスを考えさせたい時

> 「困っている人が「教えて」と言うのと、できる人が「大丈夫？」と言うのは、どちらも大切だけど、バランスも大切だよ」

中盤での声かけ例：理解を深めさせたい時

> 「答えの形は模範解答が唯一の正解ではないよ。答えの形はいくつかあるので、正解かどうかわからない人はできている人に聞いてみよう」
> 「分母の違う分数の加減でつまずいている人は、どこからわからなくなったかを自分で伝えられるようになろう」

終盤の声かけ例：あきらめさせたくない時

> 普段仲よしの友達ばかりに聞いていても解決できない問題もあるんですよ。全員が課題を解決するために必要な行動をとってくださいね」

1次式の乗法・除法について

クラス全員が問題を説明できてサインをもらおう

1年（　　　）組（　　　）番　名前（　　　　　　　　　　　）

1

次の計算はどのようにするかを男女1人ずつの合計2人に説明し，納得してもらえたらサインをもらいなさい。

(1) $2x \times 4$　　　(2) $4a \times (-5)$　　　(3) $-9x \div 3$　　　(4) $8a \div (-2)$

(5) $6x \div \dfrac{2}{3}$　　　(6) $-12x \div \left(-\dfrac{4}{3}\right)$　　　(7) $3(5x-1)$　　　(8) $(20x-15) \div 5$

2

次の計算はどのようにするかを男女1人ずつの合計2人に説明し，納得してもらえたらサインをもらいなさい。

(1) $\dfrac{-2x+3}{6} \times 18$　　　(2) $\dfrac{3}{4}(8x-12)$　　　(3) $(21x+14) \div \dfrac{7}{2}$

(4) $\left(6x - \dfrac{3}{5}\right) \div (-3)$　　　(5) $(-45a-18) \div (-9)$

3

次の計算はどのようにするかを男女1人ずつの合計2人に説明し，納得してもらえたらサインをもらいなさい。

(1) $2(3x-1)+3(x+2)$　　　(2) $2(x-1)-4(x-3)$　　　(3) $\dfrac{1}{3}(3a-6)+\dfrac{1}{4}(12a+8)$

(4) $\dfrac{x-2}{2} + \dfrac{2x-1}{3}$　　　(5) $\dfrac{3x+1}{2} - \dfrac{5x-3}{4}$　　　(6) $\dfrac{-x+4}{3} - \dfrac{2x+3}{5}$

解答

１次式の乗法・除法について
クラス全員が問題を説明できてサインをもらおう

１年（　　）組（　　）番　名前（　　　　　　　　　）

1

次の計算はどのようにするかを男女1人ずつの合計2人に説明し，納得してもらえたらサインをもらいなさい。

(1) $2x \times 4$
答え $8x$

(2) $4a \times (-5)$
答え $-20a$

(3) $-9x \div 3$
答え $-3x$

(4) $8a \div (-2)$
答え $-4a$

(5) $6x \div \dfrac{2}{3}$
答え $9x$

(6) $-12x \div \left(-\dfrac{4}{3}\right)$
答え $9x$

(7) $3(5x-1)$
答え $15x-3$

(8) $(20x-15) \div 5$
答え $4x-3$

2

次の計算はどのようにするかを男女1人ずつの合計2人に説明し，納得してもらえたらサインをもらいなさい。

(1) $\dfrac{-2x+3}{6} \times 18$
答え $-6x+9$

(2) $\dfrac{3}{4}(8x-12)$
答え $6x-9$

(3) $(21x+14) \div \dfrac{7}{2}$
答え $6x+4$

(4) $\left(6x - \dfrac{3}{5}\right) \div (-3)$
答え $-2x + \dfrac{1}{5}$

(5) $(-45a - 18) \div (-9)$
答え $5a+2$

3

次の計算はどのようにするかを男女1人ずつの合計2人に説明し，納得してもらえたらサインをもらいなさい。

(1) $2(3x-1)+3(x+2)$
答え $9x+4$

(2) $2(x-1)-4(x-3)$
答え $-2x+10$

(3) $\dfrac{1}{3}(3a-6)+\dfrac{1}{4}(12a+8)$
答え $4a$

(4) $\dfrac{x-2}{2} + \dfrac{2x-1}{3}$
答え $\dfrac{7x-8}{6}$

(5) $\dfrac{3x+1}{2} - \dfrac{5x-3}{4}$
答え $\dfrac{x+5}{4}$

(6) $\dfrac{-x+4}{3} - \dfrac{2x+3}{5}$
答え $\dfrac{-11x+11}{15}$

3　1次方程式

1　方程式の解

▶本時の目標（黒板に板書や紙で示す）

- 方程式の言葉の意味を全員が理解し、文字に数を代入することで、解であるかどうかを判断することが全員できる。
- 授業の目標をそれぞれの生徒が意識し、目標の達成に向けて一人も見捨てずに学習する。

▶準備するもの

次の見開きページの左側ページを生徒の人数分、拡大して印刷する。右側の解答ページをA3サイズ程度に数枚拡大コピーして教卓に置くか、黒板に貼る。生徒どうしの議論が大切なので、解答は全員には配付しない。過去のプリントの模範解答ファイルを教卓に置く（準備全般についてはP36を参照）。

▶授業のタイムスケジュール

導入 （5分）	クラス全員が課題を説明できることを目指し、一人も見捨てないための行動をとることを確認する。
『学び合い』スタート （40分）	方程式の言葉の意味を正しく理解し説明する活動に、積極的に取り組むように声をかける。
振り返り （5分）	一人も見捨てないことができたか。人の力を借りること、人に力を貸すことができたかを振り返る。

この授業のポイントと、クラス全体への声かけの例

▶課題プリントを配る時の、生徒へのひと言

- 「方程式に関する言葉を教科書に載っている言葉で暗記するのではなく、自分の言葉で友達に伝えられることが大切ですよ。暗記するのではなく、理解ができると友達に伝えられますよ」

▶生徒の様子に応じた、授業展開の声かけの例

序盤での声かけ例：自分の言葉で説明することを大切にしたい時

「方程式に関する言葉の意味を正確に理解しているかをきちんと確認し合おう」「あいまいな説明をしている人には、あいまいな点を伝えてあげてくださいね」「言葉の意味は教科書に載っている言葉を暗記するのではなく、自分の言葉で説明できることが理解しているということですよ」

中盤での声かけ例：授業の目標を再確認させたい時

「1次方程式の答えは、いくつも存在しないですよね。どうしてなのか自分の言葉で説明できることは大切だよ」

終盤の声かけ例：『学び合い』の考え方を意識させたい時

「1次方程式の始まりの内容です。一人も見捨てずクラス全員で理解してくださいね」

方程式の解について

クラス全員が問題を説明できてサインをもらおう

1年（　　）組（　　）番　名前（　　　　　　　　　）

1

「xについての方程式」「方程式の解」「代入」とはどういう意味かを男女1人ずつの合計2人に説明し，納得してもらえたらサインをもらいなさい。

2

次の問いについて，男女1人ずつの合計2人に説明し，納得してもらえたらサインをもらいなさい。

(1) 1, 2, 3 のうち，方程式 $2x + 1 = 5$ の解になっているものはどれか
(2) 3, 4, 5 のうち，方程式 $4x - 12 = 4$ の解になっているものはどれか

3

次の①〜④の方程式のうち，解が2であるものを選び，記号で答えなさい。また，どのように考えればよいかを男女1人ずつの合計2人に説明し，納得してもらえたらサインをもらいなさい。

① $x - 3 = 1$　　　② $4x - 3 = 5$　　　③ $12 - 2x = 8$　　　④ $3x + 4 = x - 7$

4

次の方程式について，【　】の数のうち解である方に○印をつけなさい。また，どのように考えればよいかを男女1人ずつの合計2人に説明し，納得してもらえたらサインをもらいなさい。

(1) $x - 5 = 3$　【 2, 8 】　　　　　(2) $3x + 1 = 2x - 3$　【 0, -4 】

解答

方程式の解について
クラス全員が問題を説明できてサインをもらおう

1年（　　）組（　　）番　名前（　　　　　　　　　）

1

「xについての方程式」「方程式の解」「代入」とはどういう意味かを男女1人ずつの合計2人に説明し，納得してもらえたらサインをもらいなさい。

答え xについての方程式：未知数xを含む等式のこと
　　方程式の解：　　xについての方程式で，等号が成り立つxの値のこと
　　代　入：　　　式の中の文字に，ある数をあてはめること

2

次の問いについて，男女1人ずつの合計2人に説明し，納得してもらえたらサインをもらいなさい。

(1) 1, 2, 3のうち，方程式 $2x+1=5$ の解になっているものはどれか　　**答え** 2

(2) 3, 4, 5のうち，方程式 $4x-12=4$ の解になっているものはどれか　　**答え** 4

3

次の①〜④の方程式のうち，解が2であるものを選び，記号で答えなさい。また，どのように考えればよいかを男女1人ずつの合計2人に説明し，納得してもらえたらサインをもらいなさい。

① $x-3=1$　　② $4x-3=5$　　③ $12-2x=8$　　④ $3x+4=x-7$

答え ②と③

4

次の方程式について，【　】の数のうち解である方に○印をつけなさい。また，どのように考えればよいかを男女1人ずつの合計2人に説明し，納得してもらえたらサインをもらいなさい。

(1) $x-5=3$　【 2, ⑧ 】　　　(2) $3x+1=2x-3$　【 0, ㋐ 】

> ※教科書の説明を参考にすること

3　1次方程式

2　方程式の解き方

▶本時の目標（黒板に板書や紙で示す）

- 1次方程式の解の求め方を全員が説明できる。
- 授業の目標をそれぞれの生徒が意識し、目標の達成に向けて一人も見捨てずに学習する。

▶準備するもの

次の見開きページの左側ページを生徒の人数分、拡大して印刷する。右側の解答ページをA3サイズ程度に数枚拡大コピーして教卓に置くか、黒板に貼る。生徒どうしの議論が大切なので、解答は全員には配付しない。過去のプリントの模範解答ファイルを教卓に置く（準備全般についてはP36を参照）。

▶授業のタイムスケジュール

導入 （5分）	クラス全員が課題を理解できることを、クラス全員で目指し、本気で一人も見捨てない集団になることを確認する。
『学び合い』スタート （40分）	計算力によって課題達成までに必要な時間が違うので、クラスのことを考えた行動ができるように声をかける。
振り返り （5分）	一人も見捨てずに、困っている人に気づく努力ができたか、困っている時に人の力を借りることができたかを振り返る。

この授業のポイントと、クラス全体への声かけの例

▶課題プリントを配る時の、生徒へのひと言

- 「今日の授業の目標は、方程式の解を求められることではなく、求め方を友達に説明できることです。クラス全員が説明できることを、全員で実現させましょうね」

▶生徒の様子に応じた、授業展開の声かけの例

序盤での声かけ例：『学び合い』で目指すクラスを確認したい時

「始まったばかりの方程式の学習なので、あきらめずに取り組もうね」「できる人達が、困っている人に気づけるクラスってよいクラスだなぁと思います」

中盤での声かけ例：説明することの大切さを理解させたい時

「方程式を解く手順に自信がない人は、自分の考え方を友達に説明してみよう」「つまずいているところは一人ひとり違うから、わからないところを解決するために自分から動き出そうね」

終盤の声かけ例：全員達成することを意識させたい時

「近くに困っている人がいないか、できている人は気づいてくださいね」「できたつもり・わかったつもりにならないために、解き方の説明にチャレンジしよう」

第3章　週イチでできる『学び合い』課題プリント集！

方程式の解き方について

クラス全員が問題を説明できてサインをもらおう

1年（　　）組（　　）番　名前（　　　　　　　　　）

1

「方程式を解く」「項を移項する」「方程式の係数を1にする」ことについて，男女1人ずつの合計2人に説明し，納得してもらえたらサインをもらいなさい。

2

次の方程式を解くためにはどのように考えればよいかを男女1人ずつの合計2人に説明し，納得してもらえたらサインをもらいなさい。

(1) $x - 4 = 3$　　(2) $x + 5 = 1$　　(3) $x - 6 = -10$　　(4) $x + 9 = -9$

3

次の方程式を解くためにはどのように考えればよいかを男女1人ずつの合計2人に説明し，納得してもらえたらサインをもらいなさい。

(1) $3x = 12$　　(2) $-7x = 63$　　(3) $4x = -22$　　(4) $-8x = -44$

4

次の方程式を解くためにはどのように考えればよいかを男女1人ずつの合計2人に説明し，納得してもらえたらサインをもらいなさい。

(1) $2x + 3 = 5$　　(2) $5 - 4x = -3$　　(3) $6 + 3x = -3$　　(4) $10x + 13 = 3$

(5) $4x + 1 = 5x + 6$　　(6) $14x + 6 = -8 + 7x$　　(7) $9 + x = 15 - 9x$

解答

方程式の解き方について
クラス全員が問題を説明できてサインをもらおう

1年（　　）組（　　）番　名前（　　　　　　　　）

1

「方程式を解く」「項を移項する」「方程式の係数を1にする」ことについて，男女1人ずつの合計2人に説明し，納得してもらえたらサインをもらいなさい。

答え 方程式を解く：　　　　方程式の解を求めること
　　　項を移項する：　　　　一方の辺の項を符号をかえてほかの辺に移すこと
　　　方程式の係数を1にする：係数の逆数を両辺にかける

2

次の方程式を解くためにはどのように考えればよいかを男女1人ずつの合計2人に説明し，納得してもらえたらサインをもらいなさい。

(1) $x - 4 = 3$　　(2) $x + 5 = 1$　　(3) $x - 6 = -10$　　(4) $x + 9 = -9$
　答え $x = 7$　　**答え** $x = -4$　　**答え** $x = -4$　　**答え** $x = -18$

3

次の方程式を解くためにはどのように考えればよいかを男女1人ずつの合計2人に説明し，納得してもらえたらサインをもらいなさい。

(1) $3x = 12$　　(2) $-7x = 63$　　(3) $4x = -22$　　(4) $-8x = -44$
　答え $x = 4$　　**答え** $x = -9$　　**答え** $x = -\dfrac{11}{2}$　　**答え** $x = \dfrac{11}{2}$

4

次の方程式を解くためにはどのように考えればよいかを男女1人ずつの合計2人に説明し，納得してもらえたらサインをもらいなさい。

(1) $2x + 3 = 5$　　(2) $5 - 4x = -3$　　(3) $6 + 3x = -3$　　(4) $10x + 13 = 3$
　答え $x = 1$　　**答え** $x = 2$　　**答え** $x = -3$　　**答え** $x = -1$

(5) $4x + 1 = 5x + 6$　　(6) $14x + 6 = -8 + 7x$　　(7) $9 + x = 15 - 9x$
　答え $x = -5$　　**答え** $x = -2$　　**答え** $x = \dfrac{3}{5}$

3　1次方程式

3　カッコ・小数・分数を含む方程式

▶本時の目標（黒板に板書や紙で示す）

- 工夫して方程式の解を求めることが全員できる。
- 授業の目標をそれぞれの生徒が意識し、目標の達成に向けて一人も見捨てずに学習する。

▶準備するもの

次の見開きページの左側ページを生徒の人数分、拡大して印刷する。右側の解答ページをA3サイズ程度に数枚拡大コピーして教卓に置くか、黒板に貼る。生徒どうしの議論が大切なので、解答は全員には配付しない。過去のプリントの模範解答ファイルを教卓に置く（準備全般についてはP36を参照）。

▶授業のタイムスケジュール

導入 （5分）	クラス全員が課題を理解できることを、クラス全員で目指し、本気で一人も見捨てない集団になることを確認する。
『学び合い』スタート （40分）	自分一人で方程式を解くことと、説明することの両方を全員が達成する。
振り返り （5分）	一人も見捨てずに、わかったつもりの人やできるつもりの人に力を貸すことができたかを振り返る。

この授業のポイントと、クラス全体への声かけの例

▶課題プリントを配る時の、生徒へのひと言

- 「今日の問題は、かならず工夫をして計算しましょう。友達がどのような工夫をしているのかをたくさん見つけよう。そして、なぜそのような工夫をしたのかを友達どうしで広めよう」

▶生徒の様子に応じた、授業展開の声かけの例

序盤での声かけ例：あいまいな理解で次にいかないために

「1次方程式の基本問題でつまずいている人達は、今日の課題でなく自分がつまずいているところから解決していこう」「分配法則、文字の項をまとめることができますか。自信がなければ、解決できるために必要なことをしよう」

中盤での声かけ例：方程式の解き方を生徒に確認させたい時

「方程式は、両辺に同じ数をかけることができます。この性質を使って、計算ミスが少なくなる工夫をしよう」「両辺を何倍すればよいかはどのように決まるかを説明できるようになろう」

終盤の声かけ例：説明を全員が自信を持ってできることを促したい時

「全員が課題を達成できるようにみんなで協力してくださいね」「両辺を何倍したらよいのか、どうやって決めるのかな。説明できることがわかるということですよ」

カッコ・小数・分数を含む方程式について
クラス全員が問題を説明できてサインをもらおう

1年（　　　）組（　　　）番　名前（　　　　　　　　　）

1

次の方程式の解き方を男女1人ずつの合計2人に説明し，納得してもらえたらサインをもらいなさい。

(1) $3(x-5) = 1-x$　　(2) $2x+6 = 2(3x+5)$　　(3) $4x-3(x+1) = 10$

(4) $2-5(x+2) = 7$　　(5) $3(-x+2) = 6$　　(6) $5(x-2)-3(2x+1) = 2x-1$

2

次の方程式の解き方を男女1人ずつの合計2人に説明し，納得してもらえたらサインをもらいなさい。

(1) $0.7x-0.6 = 0.2x+0.9$　　(2) $0.12x+0.05 = 0.1x+0.09$

(3) $0.8x-4 = 1.5x+0.2$　　(4) $400x-1500 = 900+200x$

3

次の方程式の解き方を男女1人ずつの合計2人に説明し，納得してもらえたらサインをもらいなさい。

(1) $\dfrac{x-4}{4} = \dfrac{1}{2}$　　(2) $\dfrac{x}{2}+3 = \dfrac{x}{8}$　　(3) $\dfrac{4x+1}{5} = \dfrac{x-5}{3}$

(4) $\dfrac{x-7}{5} = \dfrac{x}{2}+1$　　(5) $5-\dfrac{x-3}{4} = \dfrac{x+5}{3}$　　(6) $\dfrac{2x+1}{3} = \dfrac{3}{4}x-1$

解答

カッコ・小数・分数を含む方程式について
クラス全員が問題を説明できてサインをもらおう

1年(　　)組(　　)番　名前(　　　　　　　　　)

1

次の方程式の解き方を男女1人ずつの合計2人に説明し，納得してもらえたらサインをもらいなさい。

(1) $3(x-5) = 1-x$
答え $x = 4$

(2) $2x+6 = 2(3x+5)$
答え $x = -1$

(3) $4x-3(x+1) = 10$
答え $x = 13$

(4) $2-5(x+2) = 7$
答え $x = -3$

(5) $3(-x+2) = 6$
答え $x = 0$

(6) $5(x-2)-3(2x+1) = 2x-1$
答え $x = -4$

2

次の方程式の解き方を男女1人ずつの合計2人に説明し，納得してもらえたらサインをもらいなさい。

(1) $0.7x - 0.6 = 0.2x + 0.9$
答え $x = 3$

(2) $0.12x + 0.05 = 0.1x + 0.09$
答え $x = 2$

(3) $0.8x - 4 = 1.5x + 0.2$
答え $x = -6$

(4) $400x - 1500 = 900 + 200x$
答え $x = 12$

3

次の方程式の解き方を男女1人ずつの合計2人に説明し，納得してもらえたらサインをもらいなさい。

(1) $\dfrac{x-4}{4} = \dfrac{1}{2}$
答え $x = 6$

(2) $\dfrac{x}{2} + 3 = \dfrac{x}{8}$
答え $x = -8$

(3) $\dfrac{4x+1}{5} = \dfrac{x-5}{3}$
答え $x = -4$

(4) $\dfrac{x-7}{5} = \dfrac{x}{2} + 1$
答え $x = -8$

(5) $5 - \dfrac{x-3}{4} = \dfrac{x+5}{3}$
答え $x = 7$

(6) $\dfrac{2x+1}{3} = \dfrac{3}{4}x - 1$
答え $x = 16$

3　1次方程式

4　比例式

▶本時の目標（黒板に板書や紙で示す）

- 全員が比の値を求められ、全員が比例式を解ける。
- 授業の目標をそれぞれの生徒が意識し、目標の達成に向けて一人も見捨てずに学習する。

▶準備するもの

次の見開きページの左側ページを生徒の人数分、拡大して印刷する。右側の解答ページをA3サイズ程度に数枚拡大コピーして教卓に置くか、黒板に貼る。生徒どうしの議論が大切なので、解答は全員には配付しない。過去のプリントの模範解答ファイルを教卓に置く（準備全般についてはP36を参照）。

▶授業のタイムスケジュール

導入 （5分）	クラス全員が課題を理解できることを、クラス全員で目指し、本気で一人も見捨てない集団になることを確認する。
『学び合い』スタート （40分）	比例式から1次方程式を作ることが全員できるように声かけをする。その後の計算ミスがないように声かけをする。
振り返り （5分）	一人も見捨てずに、クラス全体のことを考えて行動することができたかを振り返る。

この授業のポイントと、クラス全体への声かけの例

▶課題プリントを配る時の、生徒へのひと言

- 「比の値が等しいことを使うと、比例式を方程式として解くことができます。xの値が求められることで満足せず、なぜそのようにして解くことができるのかを自分の言葉で説明できることを大切にしましょう」

▶生徒の様子に応じた、授業展開の声かけの例

序盤での声かけ例：一人も見捨てないために

「教えてと言う人がたくさんいて、自分が教える時間が少ない時は、ちょっと待ってねと言えるクラスがいいと思いますよ」

中盤での声かけ例：関わりを促したい時

「比例式から1次方程式を作ることは全員できていますか。もしも自信がない人がいれば、友達の力を借りよう」「1次方程式の計算で自信がなければ、何度も説明にチャレンジしよう」「大問4の問題文の意味がわからない人は、自分はどこでつまずいているかを友達に伝えよう。答えが出たらおしまいではないよ」

終盤の声かけ例：わからない生徒達に向けて

「等式から比例式を作ることはできますか。困っている人は、何につまずいているかを自分の言葉で伝えよう」

比例式について
クラス全員が問題を説明してサインをもらおう

1年（　　）組（　　）番　名前（　　　　　　　　　　）

1

比例式とはどのような式のことか。また，比例式 $5:6 = x:4$ の解き方を男女1人ずつの合計2人に説明し，納得してもらえたらサインをもらいなさい。

2

次の各問いの比の値の求め方を男女1人ずつの合計2人に説明し，納得してもらえたらサインをもらいなさい。

(1) $4:9$　　　　　　　　　(2) $15:12$

3

次の比例式の解き方を男女1人ずつの合計2人に説明し，納得してもらえたらサインをもらいなさい。

(1) $x:10 = 1:2$　　(2) $8:4 = 6:x$　　(3) $10:x = 25:5$　　(4) $x:15 = 4:3$

(5) $\dfrac{x}{2}:10 = 10:25$　　(6) $5:\dfrac{5}{6} = 12:x$　　(7) $(x+2):2 = 6:4$　　(8) $0.8:x = \dfrac{2}{3}:\dfrac{3}{4}$

(9) $5:(x+7) = 2:(x-2)$

4

次の問いを男女1人ずつの合計2人に説明し，納得してもらえたらサインをもらいなさい。

(1) $4x = 5y$ の時，$x:y$ を求めなさい。

(2) a の $\dfrac{3}{4}$ 倍と b の $\dfrac{2}{5}$ 倍が等しい時，$a:b$ をもっとも簡単な整数の比で表しなさい。

解答

比例式について
クラス全員が問題を説明できてサインをもらおう

1年（　）組（　）番　名前（　　　　　　　　）

1

比例式とはどのような式のことか。また，比例式 $5:6=x:4$ の解き方を男女1人ずつの合計2人に説明し，納得してもらえたらサインをもらいなさい。

答え 比例式：ある比とある比が等しい時，比と比を等号で結んだ式のこと

比例式 $5:6=x:4$ の解き方：内項の積と外項の積は等しいので，
$6x = 20$
$x = \dfrac{10}{3}$

2

次の各問いの比の値の求め方を男女1人ずつの合計2人に説明し，納得してもらえたらサインをもらいなさい。

(1) $4:9$ 　　　**答え** $\dfrac{4}{9}$ 　　(2) $15:12$ 　　**答え** $\dfrac{5}{4}$

3

次の比例式の解き方を男女1人ずつの合計2人に説明し，納得してもらえたらサインをもらいなさい。

(1) $x:10=1:2$ 　**答え** $x=5$

(2) $8:4=6:x$ 　**答え** $x=3$

(3) $10:x=25:5$ 　**答え** $x=2$

(4) $x:15=4:3$ 　**答え** $x=20$

(5) $\dfrac{x}{2}:10=10:25$ 　**答え** $x=8$

(6) $5:\dfrac{5}{6}=12:x$ 　**答え** $x=2$

(7) $(x+2):2=6:4$ 　**答え** $x=1$

(8) $0.8:x=\dfrac{2}{3}:\dfrac{3}{4}$ 　**答え** $x=\dfrac{9}{10}$, または $x=0.9$

(9) $5:(x+7)=2:(x-2)$ 　**答え** $x=8$

4

次の問いを男女1人ずつの合計2人に説明し，納得してもらえたらサインをもらいなさい。

(1) $4x=5y$ の時，$x:y$ を求めなさい。　　　**答え** $x:y=5:4$

(2) a の $\dfrac{3}{4}$ 倍と b の $\dfrac{2}{5}$ 倍が等しい時，$a:b$ をもっとも簡単な整数の比で表しなさい。

答え $a:b=8:15$

3　1次方程式

5　1次方程式の利用（1）

▶本時の目標（黒板に板書や紙で示す）

- 条件に合った方程式を立て、その方程式を解くことが全員できる。
- 授業の目標をそれぞれの生徒が意識し、目標の達成に向けて一人も見捨てずに学習する。

▶準備するもの

次の見開きページの左側ページを生徒の人数分、拡大して印刷する。右側の解答ページをA3サイズ程度に数枚拡大コピーして教卓に置くか、黒板に貼る。生徒どうしの議論が大切なので、解答は全員には配付しない。過去のプリントの模範解答ファイルを教卓に置く（準備全般についてはP36を参照）。

▶授業のタイムスケジュール

導入 （5分）	クラス全員が課題を理解できることを、クラス全員で目指し、本気で一人も見捨てない集団になることを確認する。
『学び合い』スタート （40分）	文章問題ということで難しいと感じてしまい、あきらめかけてしまう生徒もいるかもしれない。そのような生徒達のやる気を引き出すにはクラスのみんなの力が必要で、一人も見捨てないことを全体に伝える。
振り返り （5分）	困っている時に、友達の輪に入り込むことができたか。困っている人がいた時、自分達の輪に巻き込むことができたか。この2点を振り返る。

この授業のポイントと、クラス全体への声かけの例

▶課題プリントを配る時の、生徒へのひと言

- 「文章を読んで方程式を作る時、つまずくところは人それぞれ違います。自分がどこでつまずいているかを自分の言葉で説明し、クラス全員が今日の問題を説明できるようになろう」

▶生徒の様子に応じた、授業展開の声かけの例

序盤での声かけ例：説明することの大切さを強調したい時

「文章問題だからという理由で苦手意識を持っている人達は、友達の力を借りる努力をしよう」「クラス全員が一人も見捨てない気持ちで取り組めば、全員が理解できる課題です」「自分でできる人のところへ、誰かが質問に来た場合は説明することを優先してくださいね。他の人に説明することは、自分自身の理解を深めることにもつながります」

中盤での声かけ例：自分の言葉で伝えることを重視させたい時

「答えさえ正解していればそれでいいのではありませんよ。人に説明をして納得してもらえるところまでがんばろう」「文章問題のどこでつまずいたかは、人それぞれ違います。自分がつまずいたところを伝えることから始めよう」

終盤の声かけ例：困っている生徒に気づいてほしい時

「あきらめかけている人がクラスにいたら、かならず声をかけてくださいね。一人も見捨ててはいけません」

1次方程式の利用（1）

クラス全員が問題を説明できてサインをもらおう

1年（　　）組（　　）番　名前（　　　　　　　　　　）

1

1000円でケーキ4個と140円のジュース1本を買うと，おつりは180円だった。ケーキ1個の値段を x 円とする。次の問いについて男女1人ずつの合計2人に説明し，納得してもらえたらサインをもらいなさい。

(1) ケーキ4個の代金を x を使った式で表しなさい。

(2) ケーキ4個とジュース1本の代金の合計を x を使った式で表しなさい。

(3) ケーキ1個の値段を求めなさい。

2

折り紙を何人かの生徒に配るのに，1人に5枚ずつ配ると17枚余り，1人に8枚ずつ配ると25枚足りない。生徒の人数を x 人として，次の問いについて男女1人ずつの合計2人に説明し，納得してもらえたらサインをもらいなさい。

(1)「1人に5枚ずつ配ると17枚余る」ことから折り紙の枚数を x を使って表す方法

(2)「1人に8枚ずつ配ると25枚足りない」ことから折り紙の枚数を x を使って表す方法

(3) 生徒の人数と折り紙の枚数の求め方

3

ある数から6を引いて5倍した数は，26からもとの数の3倍を引いた数と等しくなる。ある数を求める方法を男女1人ずつの合計2人に説明し，納得してもらえたらサインをもらいなさい。

|解答|

1次方程式の利用（1）

クラス全員が問題を説明できてサインをもらおう

1年（　　）組（　　）番　名前（　　　　　　　　　）

1

1000円でケーキ4個と140円のジュース1本を買うと，おつりは180円だった。ケーキ1個の値段をx円とする。次の問いについて男女1人ずつの合計2人に説明し，納得してもらえたらサインをもらいなさい。

(1) ケーキ4個の代金をxを使った式で表しなさい。
　答え $4x$（円）

(2) ケーキ4個とジュース1本の代金の合計をxを使った式で表しなさい。
　答え $4x+140$（円）

(3) ケーキ1個の値段を求めなさい。
　答え 170（円）

2

折り紙を何人かの生徒に配るのに，1人に5枚ずつ配ると17枚余り，1人に8枚ずつ配ると25枚足りない。生徒の人数をx人として，次の問いについて男女1人ずつの合計2人に説明し，納得してもらえたらサインをもらいなさい。

(1)「1人に5枚ずつ配ると17枚余る」ことから折り紙の枚数をxを使って表す方法
　答え $5x+17$（枚）

(2)「1人に8枚ずつ配ると25枚足りない」ことから折り紙の枚数をxを使って表す方法
　答え $8x-25$（枚）

(3) 生徒の人数と折り紙の枚数の求め方
　答え 生徒14（枚），折り紙87（枚）

3

ある数から6を引いて5倍した数は，26からもとの数の3倍を引いた数と等しくなる。ある数を求める方法を男女1人ずつの合計2人に説明し，納得してもらえたらサインをもらいなさい。
　答え 7

3　1次方程式

6　1次方程式の利用（2）

▶本時の目標（黒板に板書や紙で示す）

- 速さや割合に関する問題でも方程式を利用して、全員が、「わからない数（解）」を求めることができる。
- 授業の目標をそれぞれの生徒が意識し、目標の達成に向けて一人も見捨てずに学習する。

▶準備するもの

次の見開きページの左側ページを生徒の人数分、拡大して印刷する。右側の解答ページをA3サイズ程度に数枚拡大コピーして教卓に置くか、黒板に貼る。生徒どうしの議論が大切なので、解答は全員には配付しない。過去のプリントの模範解答ファイルを教卓に置く（準備全般についてはP36を参照）。

▶授業のタイムスケジュール

導入 （5分）	クラス全員が課題を理解できることを、クラス全員で目指し、本気で一人も見捨てない集団になることを確認する。
『学び合い』スタート （40分）	速さに関する問題や割合に関する問題では、小学校の学習内容でつまずいている生徒もいる。課題プリントに取り組めない生徒は、小学校の学習で、どこでつまずいているかを友達に伝えられるようにする。
振り返り （5分）	一人も見捨てずに、困っている人に気づく努力ができたか、困っている時に人の力を借りることができたかを振り返る。

この授業のポイントと、クラス全体への声かけの例

▶課題プリントを配る時の、生徒へのひと言

- 「速さや割合についての問題を苦手にしている人は多いかもしれませんが、図を利用して方程式を作ったり、表を利用して方程式を作ったり、考え方はいくつかあります。自分の言葉で説明できることを全員で達成しよう」

▶生徒の様子に応じた、授業展開の声かけの例

序盤での声かけ例：クラスはチームであることを意識させたい時

「文章問題だからといって簡単にあきらめないでね。クラスにそのような人がいたら、声をかけてくださいね」「方程式の解とは何かを、もう一度友達に説明することはできますか」

中盤での声かけ例：つまずきをほったらかしにしないために

「速さに関することは、小学校で学習しています。つまずいている人は、どこでつまずいているかな」「割合に関することも、小学校で学習しています。つまずいている人は、どこでつまずいているかな」「速さ、割合については、図や表を使うと考えやすいかもしれないね」

終盤の声かけ例：全員達成を生徒達に意識させたい時

「これが1次方程式の最後の課題です。クラスのみんなで一人も見捨てずに全員で課題を達成しよう」

第3章　週イチでできる『学び合い』課題プリント集！

1次方程式の利用 (2)

クラス全員が問題を説明できてサインをもらおう

1年（　　）組（　　）番　名前（　　　　　　　　　）

1

家から公園まで行くのに，自転車で行くと歩いて行くより15分早く着きました。自転車の速さを分速280m，歩く速さを分速70mとして，家から駅までの道のりを求めなさい。また，どのように考えるかを男女1人ずつの合計2人に説明し，納得してもらえたらサインをもらいなさい。

2

A町からB町まで往復するのに行きは分速40mで歩き，帰りは分速90mで走ったら帰りの方が行きより25分移動時間が短くなりました。この時，A町からB町までの道のりをどのように求めるかを男女1人ずつの合計2人に説明し，納得してもらえたらサインをもらいなさい。

3

弟が家を出発して，1200m離れた公園に行きました。弟が家を出発してから8分後に，姉は家を自転車で出発して弟を追いかけました。弟は分速60m，姉は分速180mで進むものとします。姉が弟に追いつくのは，姉が出発してから何分後になりますか。姉が出発してから x 分後に弟に追いつくとして方程式を作り，求めなさい。また，どのように考えるかを男女1人ずつの合計2人に説明し，納得してもらえたらサインをもらいなさい。

1次方程式の利用（2）

クラス全員が問題を説明できてサインをもらおう

1年（　）組（　）番　名前（　　　　　　　　　）

1

家から公園まで行くのに，自転車で行くと歩いて行くより15分早く着きました。自転車の速さを分速280m，歩く速さを分速70mとして，家から駅までの道のりを求めなさい。また，どのように考えるかを男女1人ずつの合計2人に説明し，納得してもらえたらサインをもらいなさい。

答え　1400 (m)

2

A町からB町まで往復するのに行きは分速40mで歩き，帰りは分速90mで走ったら帰りの方が行きより25分移動時間が短くなりました。この時，A町からB町までの道のりをどのように求めるかを男女1人ずつの合計2人に説明し，納得してもらえたらサインをもらいなさい。

答え　1800 (m)

3

弟が家を出発して，1200m離れた公園に行きました。弟が家を出発してから8分後に，姉は家を自転車で出発して弟を追いかけました。弟は分速60m，姉は分速180mで進むものとします。姉が弟に追いつくのは，姉が出発してから何分後になりますか。姉が出発してから x 分後に弟に追いつくとして方程式を作り，求めなさい。また，どのように考えるかを男女1人ずつの合計2人に説明し，納得してもらえたらサインをもらいなさい。

答え　4 (分後)

4 比例と反比例

1 関数の例・関数と変域

▶本時の目標（黒板に板書や紙で示す）

- 変数xと変数yの関係を、「関数」という言葉を用いて説明できるようになる。
- 授業の目標をそれぞれの生徒が意識し、目標の達成に向けて一人も見捨てずに学習する。

▶準備するもの

次の見開きページの左側ページを生徒の人数分、拡大して印刷する。右側の解答ページをA3サイズ程度に数枚拡大コピーして教卓に置くか、黒板に貼る。生徒どうしの議論が大切なので、解答は全員には配付しない。過去のプリントの模範解答ファイルを教卓に置く（準備全般についてはP36を参照）。

▶授業のタイムスケジュール

導入 （5分）	単に教え合うだけでなく、一人も見捨てないことを、本気で達成しようとする授業であることを訴える。
『学び合い』スタート （40分）	課題を簡単に仕上げてしまう生徒もいれば、難しく感じる生徒もいる。プリントの答えと同じならよい、と考えないように伝える。 一つひとつの課題について、自分なりの言葉で説明するように促す。
振り返り （5分）	一人も見捨てない、という考え方でクラス全体を見た時の、よかった点・改善すべき点を伝える。

この授業のポイントと、クラス全体への声かけの例

▶課題プリントを配る時の、生徒へのひと言

- 「xを1つ決めると、それに対応してyがただ1つ決まるという関係を「関数」といいます。身のまわりのことから、xを1つ決めるとyがただ1つ決まるようなものを探してみましょう」

▶生徒の様子に応じた、授業展開の声かけの例

序盤での声かけ例：生徒のやる気を出させたい時

「お互いに説明して、言葉の意味が理解できているか確認しましょう」「一人も見捨てないクラスは、よいクラスだなぁって思います」「自分の説明に自信がなくても、説明にチャレンジしてください」

中盤での声かけ例：生徒がとまどっていて、援助したい時

「関数なのか、関数でないのかを区別できますか。どうやって区別すればいいのか考えてみましょう」「変域というのは、どんなものなのか、自分の言葉で説明してください。友達の話を聞いているだけでは、十分に理解できないと思います」「変域について説明できて、実際に数直線で表せれば、大丈夫です。がんばってください」

終盤の声かけ例：一人も見捨てないようにしたい時

「今日の課題を、全員の力で達成しよう」「どうも自信がない問題は、誰かに説明を聞いてもらおう」「できたつもり・わかったつもりにならないように、自分の解き方をぜひ説明してください」

関数の例・関数と変域

自分の言葉で説明しよう

1年（　　）組（　　）番　名前（　　　　　　　）

なぜ，そのような答えになるのか，自分なりに説明してみましょう。最初は「まね」でもよいのです。少しずつ，自分の言葉を見つけていきましょう。

※いろいろな値をとる文字を，変数といいます。また，ともなって変わる2つの変数x，yがあって，xの値を決めると，それに対応してyの値がただ1つに決まる時，yはxの関数であるといいます。

1

次のうち，yがxの関数であるものに○を，そうでないものに×をつけなさい。また，その理由を答えなさい。

(1) A市から100km離れたB市に自動車で移動する時，走った道のりx kmと残りの道のりy km
(2) 小学校x年生の男子の身長$y$cm
(3) 1000円を持って買い物に行き，使ったお金x円と残りのお金y円
(4) 東京都の人口x人と，大阪府の人口y人
(5) A君の1日の勉強時間x時間と，A君の数学のテストの点数y点

2

次の問いに答えなさい。
(1) 変数xのとる値が5以上の時，xの変域を不等号を用いて表しなさい。
(2) 変数yのとる値が−2より大きく8より小さい時，yの変域を不等号を用いて表しなさい。

3

次の問いに答えなさい。
(1) 変数xのとる値が−8より大きい時，
　xの変域を数直線を使って表しなさい。

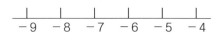

(2) 変数yのとる値が−1以上2未満の時，
　yの変域を数直線を使って表しなさい。

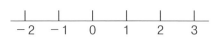

解答 関数の例・関数と変域
自分の言葉で説明しよう

1年（　　）組（　　）番　名前（　　　　　　　　　　）

> なぜ，そのような答えになるのか，自分なりに説明してみましょう。最初は「まね」でもよいのです。少しずつ，自分の言葉を見つけていきましょう。

※いろいろな値をとる文字を，変数といいます。また，ともなって変わる2つの変数x，yがあって，xの値を決めると，それに対応してyの値がただ1つに決まる時，yはxの関数であるといいます。

1

次のうち，yがxの関数であるものに○を，そうでないものに×をつけなさい。また，その理由を答えなさい。

(1) A市から100km離れたB市に自動車で移動する時，走った道のり$x$kmと残りの道のり$y$km
(2) 小学校x年生の男子の身長$y$cm
(3) 1000円を持って買い物に行き，使ったお金x円と残りのお金y円
(4) 東京都の人口x人と，大阪府の人口y人
(5) A君の1日の勉強時間x時間と，A君の数学のテストの点数y点

答え　(1)○　(2)×　(3)○　(4)×　(5)×

2

次の問いに答えなさい。
(1) 変数xのとる値が5以上の時，xの変域を不等号を用いて表しなさい。　　**答え**　$x \geq 5$
(2) 変数yのとる値が-2より大きく8より小さい時，yの変域を不等号を用いて表しなさい。

答え　$-2 < y < 8$

3

次の問いに答えなさい。
(1) 変数xのとる値が-8より大きい時，xの変域を数直線を使って表しなさい。

(2) 変数yのとる値が-1以上2未満の時，yの変域を数直線を使って表しなさい。

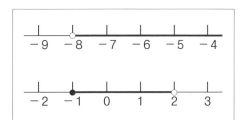

4 比例と反比例

2 比例の式を求める

▶本時の目標（黒板に板書や紙で示す）

- 比例の関係の場合には、xとyが1組決まれば、関数が決まることを理解する。また、実際に式を用いて表すことができる。
- 授業の目標をそれぞれの生徒が意識し、目標の達成に向けて一人も見捨てずに学習する。

▶準備するもの

次の見開きページの左側ページを生徒の人数分、拡大して印刷する。右側の解答ページをA3サイズ程度に数枚拡大コピーして教卓に置くか、黒板に貼る。生徒どうしの議論が大切なので、解答は全員には配付しない。過去のプリントの模範解答ファイルを教卓に置く（準備全般についてはP36を参照）。

▶授業のタイムスケジュール

導入 （5分）	つまずいているところやわかり方は、人それぞれ違うので、できるだけたくさんの人と交流しながら課題に取り組むように促す。
『学び合い』スタート （40分）	自分一人でできる生徒と、助けが必要な生徒がいるので、一人も見捨てないことを全体に呼びかける。 関数の表を何度も作ることを通じて、実際には、1組が決まれば、すべて決まってしまうことを、自分自身で発見する。
振り返り （5分）	生徒自身が、途中の40分間に、一人も見捨てないということを考えながら学習できたかを振り返る。

この授業のポイントと、クラス全体への声かけの例

▶課題プリントを配る時の、生徒へのひと言

- 「比例の場合には、xとyが1組決まれば関数が決まります。しかし、最初のうちは表をきちんと書いて、考えるようにしてください。そして、「なぜ、xとyが1組決まれば関数が決まるのか」を、自分の言葉で説明してみましょう」

▶生徒の様子に応じた、授業展開の声かけの例

序盤での声かけ例：生徒のやる気を出させたい時

「いままでに勉強したことを全部使いましょう。クラス全員が、それぞれできることをやりましょう」「困った時には、友達に聞いてもいいし、自分で調べてもいいです。教科書にも、ちゃんと書いてあります」

中盤での声かけ例：生徒がとまどっていて、援助したい時

「1組が決まれば全部が決まってしまうけれど、そのことがなかなか納得できない時は、関数の表を何度か書いてみましょう」
「そうすると、実は1組で大丈夫だということが発見できます」
「単位については、小学校での学習を思い出してください」

終盤の声かけ例：一人も見捨てないようにしたい時

「近くに困っている人がいないか、まわりをよく見てください」「あいまいなところがある人は、この時間内で解決しましょう」「最後までがんばって、一人も見捨てずに全員で課題を達成しましょう」

比例の式を求める

クラス全体で，1つのチームになろう

1年（　　　）組（　　　）番　名前（　　　　　　　　　　）

なぜ，そのような答えになるのか，自分なりに説明してみましょう。最初は「まね」でもよいのです。少しずつ，自分の言葉を見つけていきましょう。

1

(1) $y = 2x$ について，x の値に対応する y の値を求めて，次の表を完成させなさい。

x	……	-4	-3	-2	-1	0	1	2	3	4	……
y	……										……

(2) $y = -3x$ について，x の値に対応する y の値を求めて，次の表を完成させなさい。

x	……	-4	-3	-2	-1	0	1	2	3	4	……
y	……										……

2

y は x に比例します。x と y が次の値の時に，y を x の式で表しなさい。

(1) $x = 2$ の時 $y = 8$
(2) $x = 4$ の時 $y = 8$

上の問題では，x と y が1組決まれば，式が決まります。なぜ，1組決めただけで式が決まってしまうのか，その理由を考えて，ほかの人に説明できるようになりましょう。

3

家から1.8km離れた駅まで，分速60mで歩きます。歩き始めてから x 分後の，家からの道のりを y m とする時，次の問いに答えなさい。

(1) y を x の式で表しなさい。

(2) x の変域を求めなさい。

| 解答 | 比例の式を求める |

クラス全体で，1つのチームになろう

1年（　　）組（　　）番　名前（　　　　　　　　）

なぜ，そのような答えになるのか，自分なりに説明してみましょう。最初は「まね」でもよいのです。少しずつ，自分の言葉を見つけていきましょう。

1

(1) $y = 2x$ について，x の値に対応する y の値を求めて，次の表を完成させなさい。

x	……	-4	-3	-2	-1	0	1	2	3	4	……
y	……	-8	-6	-4	-2	0	2	4	6	8	……

(2) $y = -3x$ について，x の値に対応する y の値を求めて，次の表を完成させなさい。

x	……	-4	-3	-2	-1	0	1	2	3	4	……
y	……	12	9	6	3	0	-3	-6	-9	-12	……

2

y は x に比例します。x と y が次の値の時に，y を x の式で表しなさい。

(1) $x = 2$ の時 $y = 8$　　　　　　　　**答え** $y = 4x$
(2) $x = 4$ の時 $y = 8$　　　　　　　　**答え** $y = 2x$

上の問題では，x と y が1組決まれば，式が決まります。なぜ，1組決めただけで式が決まってしまうのか，その理由を考えて，ほかの人に説明できるようになりましょう。

3

家から1.8km離れた駅まで，分速60mで歩きます。歩き始めてから x 分後の，家からの道のりを y m とする時，次の問いに答えなさい。

(1) y を x の式で表しなさい。　　　　**答え** $y = 60x$
(2) x の変域を求めなさい。　　　　　**答え** $0 \leq x \leq 30$
　注意）1.8kmは1800mです。

4 比例と反比例

3 座標と比例のグラフ

▶本時の目標（黒板に板書や紙で示す）

- x軸、y軸、原点、x座標、y座標、などの用語の意味を理解し、実際に正しく使えるようになる。
- 授業の目標をそれぞれの生徒が意識し、目標の達成に向けて一人も見捨てずに学習する。

▶準備するもの

次の見開きページの左側ページを生徒の人数分、拡大して印刷する。右側の解答ページをA3サイズ程度に数枚拡大コピーして教卓に置くか、黒板に貼る。生徒どうしの議論が大切なので、解答は全員には配付しない。過去のプリントの模範解答ファイルを教卓に置く（準備全般についてはP36を参照）。三角定規とコンパス。

▶授業のタイムスケジュール

導入 （5分）	課題プリントの全員達成を目指し、普段の友達関係にこだわらず、全員が力を合わせて、一人も見捨てないようにしてほしいと伝える。
『学び合い』スタート （40分）	一人も見捨てないことができているか、困っている生徒が孤立していないか、全体に目を配っている様子があるかに注意する。 課題について互いに説明する中で、数学的用語を正しく使えるようにしていく。
振り返り （5分）	一人も見捨てないようにできたか、困っている人を見つけようとしたか、自分から助けを求めることができたか、振り返る。

この授業のポイントと、クラス全体への声かけの例

▶課題プリントを配る時の、生徒へのひと言

- 「新しい用語がたくさん出てきました。問題について説明したり、お互いに学び合ったりする時に、どんどん新しい用語を使ってください。新しい用語は、何回も使えば、自然に意味や使い方も覚えることができます」

▶生徒の様子に応じた、授業展開の声かけの例

序盤での声かけ例：生徒のやる気を出させたい時

「友達の説明を聞きながら、自分の説明も改善してください」「質問したければどんどん質問しましょう。自分一人でがんばるのも、もちろんOKです。プリントの答えや教科書を見るのもOKです」

中盤での声かけ例：生徒がとまどっていて、援助したい時

「グラフ用紙の中で、xやyがプラスになったりマイナスになったりするけれど、どの場所でxやyがプラスになるのか、マイナスになるのか、区別はできていますか」「できあがったグラフの特徴を、自分の言葉で説明できますか」「いくつかのグラフを書いてみて、同じところと違うところを説明できますか」

終盤の声かけ例：一人も見捨てないようにしたい時

「うまく説明できない時は、説明の仕方を教えてもらってください」「いままで学習した内容で、わからないところは、どんどん聞いてください」「近くに困っている人がいないか、よくまわりを見てください」

座標と比例のグラフについて
一人ぼっちの人がいないようにしよう

1年（　　）組（　　）番　名前（　　　　　　　　）

> 学級全体の学習の様子を見て、困っている人を見つけるようにしましょう。また助けが必要な人は、できるだけ、自分から「手伝ってほしい」と言ってみましょう。

ポイント

小学校の「比例のグラフ」では次のような学習をしています。
　ア　対応表を作る。
　イ　グラフ用紙に点をたくさん書く。
　ウ　点をつないで直線を引く。
中学校では、次の点が小学校と異なります。
　エ　変数が負になる場合がある。
　オ　比例定数が負になり、グラフが右下がりになる場合がある。

1

次のア～キの用語について説明できるようになりなさい。また、ほかの人に聞いてもらって納得してもらえるようにしなさい。

ア　x軸　　　　　　イ　y軸　　　　　　ウ　座標軸　　　　　エ　原点
オ　x座標　　　　　カ　y座標　　　　　キ　座標

2

$y = 2x$について、次の問いに答えなさい。

(1) 下の表を完成させなさい。

x	……	−4	−3	−2	−1	0	1	2	3	4	……
y	……										……

(2) (1)の表のx, yの値の組を座標とする点を右のグラフにかき入れなさい。

(3) (2)の点をもとにして、$y = 2x$のグラフをかきなさい。

(4) (1)から(3)までの方法を参考にして、$y = -x$のグラフをかきなさい。また、$y = 2x$のグラフと同じ点や異なる点を説明しなさい。

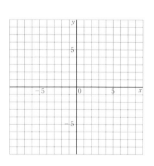

解答	座標と比例のグラフについて

一人ぼっちの人がいないようにしよう

1年（　　）組（　　）番　名前（　　　　　　　　　）

学級全体の学習の様子を見て，困っている人を見つけるようにしましょう。また助けが必要な人は，できるだけ，自分から「手伝ってほしい」と言ってみましょう。

ポイント

小学校の「比例のグラフ」では次のような学習をしています。
　ア　対応表を作る。
　イ　グラフ用紙に点をたくさん書く。
　ウ　点をつないで直線を引く。
中学校では，次の点が小学校と異なります。
　エ　変数が負になる場合がある。
　オ　比例定数が負になり，グラフが右下がりになる場合がある。

1

次のア〜キの用語について説明できるようになりなさい。また，ほかの人に聞いてもらって納得してもらえるようにしなさい。

ア　x軸　　　　イ　y軸　　　　ウ　座標軸　　　　エ　原点
オ　x座標　　　カ　y座標　　　キ　座標

※教科書の説明を参考にすること

2

$y = 2x$について，次の問いに答えなさい。
(1) 下の表を完成させなさい。

x	……	-4	-3	-2	-1	0	1	2	3	4	……
y	……	-8	-6	-4	-2	0	2	4	6	8	……

(2) (1)の表のx，yの値の組を座標とする点を右のグラフにかき入れなさい。
(3) (2)の点をもとにして，$y = 2x$のグラフをかきなさい。
(4) (1)から(3)までの方法を参考にして，$y = -x$のグラフをかきなさい。また，$y = 2x$のグラフと同じ点や異なる点を説明しなさい。

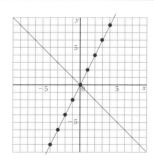

どちらも原点を通る。
右上がりか右下がりかが異なる。

4 比例と反比例

4 反比例のグラフ

▶本時の目標（黒板に板書や紙で示す）

- 反比例のグラフが、双曲線という曲線になることを理解する。また、比例定数の値によって、グラフの形がどのように変化するか理解する。
- 授業の目標をそれぞれの生徒が意識し、目標の達成に向けて一人も見捨てずに学習する。

▶準備するもの

次の見開きページの左側ページを生徒の人数分、拡大して印刷する。右側の解答ページをA3サイズ程度に数枚拡大コピーして教卓に置くか、黒板に貼る。生徒どうしの議論が大切なので、解答は全員には配付しない。過去のプリントの模範解答ファイルを教卓に置く（準備全般についてはP36を参照）。

▶授業のタイムスケジュール

導入 （5分）	一人も見捨てずに課題を達成できるように、クラス全員で取り組み、「一人も見捨てない集団」になろうと訴える。
『学び合い』スタート （40分）	もしも、やる気が出ない生徒がいたら、クラスの仲間が励ますのが一番本人の力になることを、全体に対して伝えていく。 実際に多くの点をかいて、それらをつなぐことによって反比例のグラフの特徴を理解する。
振り返り （5分）	課題を達成するために自分から助けを求めたか、あるいは誰かを助けることができたかなどを振り返る。

この授業のポイントと、クラス全体への声かけの例

▶課題プリントを配る時の、生徒へのひと言

- 「小学校の時には、xもyもプラスの部分で、反比例のグラフを考えていました。中学校では、xやyがマイナスの場合も考えます。すると、反比例のグラフが双曲線という2本の曲線であることがわかります。表を活用して、双曲線の特徴を調べましょう」

▶生徒の様子に応じた、授業展開の声かけの例

序盤での声かけ例：生徒のやる気を出させたい時

「困った時には、みんなに助けを求めましょう」「本当にサインしてもいいのか、きちんと確認しましょう」「うまくいかない時には、いろいろな人に聞いてみるとよいと思います」

中盤での声かけ例：生徒がとまどっていて、援助したい時

「ホワイトボードをたくさん使って、何度も反比例のグラフをかく練習をしてください」「グラフをかきながら、反比例のグラフの特徴を自分の言葉で説明できるようにしてください」

終盤の声かけ例：一人も見捨てないようにしたい時

「普段の人間関係をこえて、男女も関係なしに、どんどん意見交換しましょう」「最後までがんばって、一人も見捨てずに全員で課題を達成しましょう」「今日の課題を、全員の力で達成しましょう」

反比例のグラフについて

クラスのみんなで，お互いに励まし合おう

1年（　　）組（　　）番　名前（　　　　　　　　）

いろいろな事情があって，「今日はやる気が出ない」ということもあります。「一緒にがんばろう」のひとことが，やる気につながります。「声をかける人」がいつも同じにならないようにしましょう。「声をかける人」だって，辛い時もあります。

ポイント

反比例のグラフについて，次のことを学習します。
- 小学校ではxが正の範囲のグラフを学習したが，xが負の範囲も調べる。
- 小学校では比例定数はいつも正だったが，比例定数が負の場合も調べる。
- 「双曲線」という言葉について理解する（双子＝ふたご）。

1

(1) 反比例 $y = \dfrac{6}{x}$ について，下の表を完成させなさい。

x	……	-6	-3	-2	-1	0	1	2	3	6	……
y	……					×					……

(2) (1)の表のx，yの値の組を座標とする点を右のグラフにかきなさい。

(3) (2)で記入した点をもとに，$y = \dfrac{6}{x}$ のグラフをかきなさい。

(4) (1)から(3)と同じように考えて，$y = -\dfrac{12}{x}$ のグラフをかきなさい。

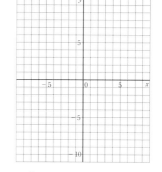

2

下のア〜エは，それぞれ右の図の ① 〜 ④ のどのグラフになりますか。記号で答えなさい。またそのように考えた理由を答えなさい。

ア　$y = \dfrac{18}{x}$　　　　イ　$y = \dfrac{4}{x}$

ウ　$y = -\dfrac{12}{x}$　　　エ　$y = -\dfrac{4}{x}$

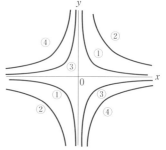

解答 反比例のグラフについて

クラスのみんなで，お互いに励まし合おう

1年（　）組（　）番　名前（　　　　　　）

いろいろな事情があって，「今日はやる気が出ない」ということもあります。「一緒にがんばろう」のひとことが，やる気につながります。「声をかける人」がいつも同じにならないようにしましょう。「声をかける人」だって，辛い時もあります。

ポイント

反比例のグラフについて，次のことを学習します。
- 小学校ではxが正の範囲のグラフを学習したが，xが負の範囲も調べる。
- 小学校では比例定数はいつも正だったが，比例定数が負の場合も調べる。
- 「双曲線」という言葉について理解する（双子＝ふたご）。

1

(1) 反比例 $y = \dfrac{6}{x}$ について，下の表を完成させなさい。

x	……	-6	-3	-2	-1	0	1	2	3	6	……
y	……	-1	-2	-3	-6	×	6	3	2	1	……

(2) (1)の表のx，yの値の組を座標とする点を右のグラフにかきなさい。

(3) (2)で記入した点をもとに，$y = \dfrac{6}{x}$ のグラフをかきなさい。

(4) (1)から(3)と同じように考えて，$y = -\dfrac{12}{x}$ のグラフをかきなさい。

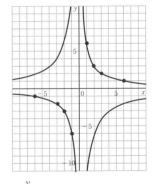

2

下のア～エは，それぞれ右の図の①～④のどのグラフになりますか。記号で答えなさい。またそのように考えた理由を答えなさい。

ア　$y = \dfrac{18}{x}$　　②

イ　$y = \dfrac{4}{x}$　　①

ウ　$y = -\dfrac{12}{x}$　　④

エ　$y = -\dfrac{4}{x}$　　③

[理由] 比例定数がプラスの時は，グラフは原点の右上と左下になるから。また比例定数の絶対値が大きいほど，グラフは原点から離れるから。

4 比例と反比例

5 比例と反比例の利用

▶**本時の目標**（黒板に板書や紙で示す）

- 身近なことがらについて、比例や反比例の考え方を用いて式に表したり、答えを求めたりできるようになる。
- 授業の目標をそれぞれの生徒が意識し、目標の達成に向けて一人も見捨てずに学習する。

▶**準備するもの**

次の見開きページの左側ページを生徒の人数分、拡大して印刷する。右側の解答ページをA3サイズ程度に数枚拡大コピーして教卓に置くか、黒板に貼る。生徒どうしの議論が大切なので、解答は全員には配付しない。過去のプリントの模範解答ファイルを教卓に置く（準備全般についてはP36を参照）。

▶**授業のタイムスケジュール**

導入 （5分）	友達にサインをする時には、しっかり納得してからサインするように注意を呼びかける。
『学び合い』スタート （40分）	途中の計算に自信がない生徒は、自分の計算方法をまわりの生徒に説明して確認するように呼びかける。 文章から数量を読み取るのが苦手な生徒がいるので、お互いに助け合えるようにサポートする。
振り返り （5分）	一人も見捨てないようにしながら、課題に取り組むことができたかについて、教師の気づいたことを伝える。

この授業のポイントと、クラス全体への声かけの例

▶課題プリントを配る時の、生徒へのひと言

- 「身近なことがらについて、比例なのか反比例なのかを見抜く方法があります。どのような方法か、お互いに説明できるようになりましょう。また、かならず比例や反比例の式に表しましょう。その後、答えを計算してください」

▶生徒の様子に応じた、授業展開の声かけの例

序盤での声かけ例：生徒のやる気を出させたい時

「数学が比較的得意な人のところへ困っている人が来たら、説明することにチャレンジしてください」「難しい問題にも、ねばり強く取り組みましょう。また、ギブアップしそうな人を励ましてください」

中盤での声かけ例：生徒がとまどっていて、援助したい時

「それぞれの文章がどういう意味なのか、わかっていますか。それを確かめるには、自分の言葉で説明するのが一番確実です。お互いに相手にきちんと伝わるか、やってみてください」

終盤の声かけ例：一人も見捨てないようにしたい時

「できたつもり・わかったつもりにならないように、自分の解き方をぜひ説明してください」「クラス全体が進歩してほしいです。困っている人がいる時に、誰かがかならず気づいて、一人も見捨てないクラスになってください」

比例と反比例の利用

納得してもらえる説明を目指そう

1年（　　）組（　　）番　名前（　　　　　　　　）

「わかっているかどうか」は，その課題を説明できるかどうかで判断できます。「説明したつもり」ではなく，聞いている人が納得できる説明を目指してください。

1

あるバネについて，つるしたおもりの重さとのびの長さの関係を調べたところ，比例することがわかりました。また，おもりの重さとのびの長さの関係は，右の表のようになりました。おもりの重さをxg，のびの長さを$y$mmとして，次の問いに答えなさい。

x (g)	0	5	10	15	20	25
y (mm)	0	3	6	9	12	15

(1) yをxの式で表しなさい。
(2) 30gのおもりをつるした時，のびの長さを求めなさい。
(3) のびの長さが36mmの時，おもりの重さを求めなさい。

2

右の図のような，面積40cm²の△ABCがあります。この三角形の面積を変えないようにして，底辺BCの長さをいろいろと変える時，高さAHの長さがどのように変わるかを，BCをx cm，AHを$y$cmとして，yをxの式で表しなさい。

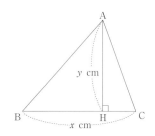

3

ある水そうには，72Lの水が入ります。この水そうが空の状態から，満水になるまで毎分6Lの割合で水を入れます。水を入れ始めてからx分後に水そうに入っている水の量をyLとして，次の問いに答えなさい。

(1) yをxの式で表しなさい。
(2) 水の量が54Lになるのは，水を入れ始めてから何分後ですか。
(3) xの変域を求めなさい。

解答

比例と反比例の利用
納得してもらえる説明を目指そう

1年（　　）組（　　）番　名前（　　　　　　　　　　）

「わかっているかどうか」は，その課題を説明できるかどうかで判断できます。「説明したつもり」ではなく，聞いている人が納得できる説明を目指してください。

1

あるバネについて，つるしたおもりの重さとのびの長さの関係を調べたところ，比例することがわかりました。また，おもりの重さとのびの長さの関係は，右の表のようになりました。おもりの重さをxg，のびの長さを$y$mmとして，次の問いに答えなさい。

x (g)	0	5	10	15	20	25
y (mm)	0	3	6	9	12	15

(1) yをxの式で表しなさい。　　　　　　　　答え　$y = \dfrac{3}{5}x$

(2) 30gのおもりをつるした時，のびの長さを求めなさい。　　答え　18mm

(3) のびの長さが36mmの時，おもりの重さを求めなさい。　　答え　60g

2

右の図のような，面積40cm²の△ABCがあります。この三角形の面積を変えないようにして，底辺BCの長さをいろいろと変える時，高さAHの長さがどのように変わるかを，BCを$x$cm，AHを$y$cmとして，yをxの式で表しなさい。

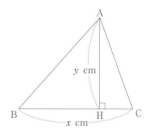

答え　$y = \dfrac{80}{x}$

3

ある水そうには，72Lの水が入ります。この水そうが空の状態から，満水になるまで毎分6Lの割合で水を入れます。水を入れ始めてからx分後に水そうに入っている水の量をyLとして，次の問いに答えなさい。

(1) yをxの式で表しなさい。　　　　　　　　答え　$y = 6x$

(2) 水の量が54Lになるのは，水を入れ始めてから何分後ですか。　答え　9分後

(3) xの変域を求めなさい。　　　　　　　　答え　$0 \leq x \leq 12$

5 平面図形

1 平行移動・回転移動・対称移動

▶本時の目標（黒板に板書や紙で示す）

- 身のまわりのことについて、比例や反比例の関係を見出し、式や表を用いて関係を表せるようになる。
- 授業の目標をそれぞれの生徒が意識し、目標の達成に向けて一人も見捨てずに学習する。

▶準備するもの

次の見開きページの左側ページを生徒の人数分、拡大して印刷する。右側の解答ページをA3サイズ程度に数枚拡大コピーして教卓に置くか、黒板に貼る。生徒どうしの議論が大切なので、解答は全員には配付しない。過去のプリントの模範解答ファイルを教卓に置く（準備全般についてはP36を参照）。三角定規とコンパス。

▶授業のタイムスケジュール

導入 （5分）	用語の説明などは、単純に暗記せずに、言葉の意味や使い方を説明できるようになってほしいと伝える。
『学び合い』スタート （40分）	素早くできる生徒と、時間がかかる生徒の差が大きいことが予想されるので、早めに手助けするように呼びかける。 とくに90度の回転移動について、直角三角形を利用する方法を、うまく利用できるように支援する。
振り返り （5分）	一人も見捨てない、という考え方でクラス全体を見た時の、よかった点・改善すべき点を伝える。

この授業のポイントと、クラス全体への声かけの例

▶課題プリントを配る時の、生徒へのひと言

- 「応用問題では、文章の意味をしっかり理解することが大切です。お互いに説明し合いながら、問題の意味を理解しましょう。また、表を活用しながら、数量関係を式で表してください」

▶生徒の様子に応じた、授業展開の声かけの例

序盤での声かけ例：生徒のやる気を出させたい時

「自分なりに説明できるところまでがんばりましょう」「誰かが質問に来たら、〈説明するチャンスをもらった〉と考えて説明してみてください。自分自身の理解を深めることにもつながります」

中盤での声かけ例：生徒がとまどっていて、援助したい時

「90度の回転移動は、とても難しいです」「実際に図形を移動させたら、元の図形と重ね合わせてみてください」「直角三角形をうまく利用すると、きれいに移動させることができます」

終盤の声かけ例：一人も見捨てないようにしたい時

「あきらめかけている人がクラスにいたら、かならず声をかけて、一人も見捨てないようにしましょう」「うまくいかない時には、いつもと違う友達にも聞いてみましょう。課題を解決するために必要な行動をとってください」

第3章　週イチでできる『学び合い』課題プリント集！　**157**

平行移動・回転移動・対称移動について

作図が苦手な人を，早めに助けてください

1年（　　）組（　　）番　名前（　　　　　　　　）

男子だけ，女子だけで固まらず，なるべくいろいろな人の意見や考えを聞いてみましょう。作図のやり方にも，いろいろな方法があります。

1

△ABCを，辺ABが，辺DEに移動するように平行移動しなさい。
また，どのように平行移動したのかを，説明しなさい。

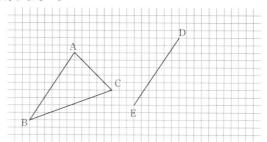

2

四角形ABCDを，直線ℓを対称の軸として，対称移動しなさい。
また，どのように作図したのかを，説明しなさい。

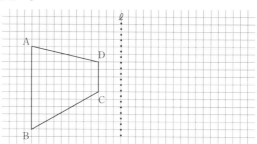

3

△ABCを，点Oを中心に，時計回りに90°回転移動しなさい。
また，どのように作図したのかを，説明しなさい。

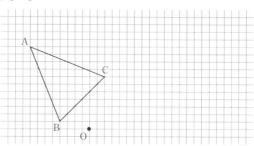

解答

平行移動・回転移動・対称移動について

作図が苦手な人を，早めに助けてください

1年（　　　）組（　　　）番　名前（　　　　　　　　　　）

> 男子だけ，女子だけで固まらず，なるべくいろいろな人の意見や考えを聞いてみましょう。作図のやり方にも，いろいろな方法があります。

1

△ABCを，辺ABが，辺DEに移動するように平行移動しなさい。
また，どのように平行移動したのかを，説明しなさい。

答え

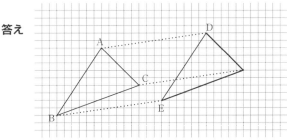

2

四角形ABCDを，直線ℓを対称の軸として，対称移動しなさい。
また，どのように作図したのかを，説明しなさい。

答え

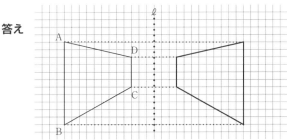

3

ABCを，点Oを中心に，時計回りに90°回転移動しなさい。
また，どのように作図したのかを，説明しなさい。

答え

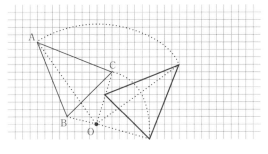

5 平面図形

2 作図について

▶本時の目標（黒板に板書や紙で示す）

- 垂直二等分線や、角の二等分線が作図できるようになる。
- 授業の目標をそれぞれの生徒が意識し、目標の達成に向けて一人も見捨てずに学習する。

▶準備するもの

次の見開きページの左側ページを生徒の人数分、拡大して印刷する。右側の解答ページをA3サイズ程度に数枚拡大コピーして教卓に置くか、黒板に貼る。生徒どうしの議論が大切なので、解答は全員には配付しない。過去のプリントの模範解答ファイルを教卓に置く（準備全般についてはP36を参照）。三角定規とコンパス。

▶授業のタイムスケジュール

導入 （5分）	課題プリントの全員達成を目指し、一人も見捨てないことを語る。そのためにできることを最後まで考えていくことを訴える。
『学び合い』スタート （40分）	男子も女子も助け合って、全員が課題を達成できるように、一人ひとりが、まわりの人に声をかけ合うよう促す。上手に作図できない生徒については、互いに支援し合えるようにサポートしていく。
振り返り （5分）	生徒自身が、途中の40分間に、一人も見捨てないということを考えながら学習できたかを振り返る。

この授業のポイントと、クラス全体への声かけの例

▶課題プリントを配る時の、生徒へのひと言

- 「作図する時には、2つのことを考えます。1つは、「こうすれば作図できる」という方法を理解することです。もう1つは、「なぜ、こうすると、うまく作図できるのか」という理由を考えることです。友達と話し合いながら、学習してください」

▶生徒の様子に応じた、授業展開の声かけの例

序盤での声かけ例：生徒のやる気を出させたい時

「数学が比較的得意な人のところへ困っている人が来たら、説明することにチャレンジしてください」「難しい問題にも、ねばり強く取り組みましょう。また、ギブアップしそうな人を励ましてください」

中盤での声かけ例：生徒がとまどっていて、援助したい時

「作図ができたらオシマイ、と考えると理解が深まりません。なぜこういう作図をするのか、こういう作図をすると、どうなるのかをお互いに説明してください」「うまく説明できない時は、説明の仕方を教えてもらってください」

終盤の声かけ例：一人も見捨てないようにしたい時

「一人ひとりのわからないところは違います。わからないところを聞くと、聞かれた人が勉強になります」「今日の課題を、全員の力で達成しましょう」「あいまいなところがある人は、この時間内で解決しましょう」

第3章　週イチでできる『学び合い』課題プリント集！

作図について
男子も女子も助け合って学習しましょう

1年（　　）組（　　）番　名前（　　　　　　　）

男子だけ，女子だけで固まらず，なるべくいろいろな人の意見や考えを聞いてみましょう。作図のやり方にも，いろいろな方法があります。

1
△ABCの辺ABの垂直二等分線を作図しなさい。
また，どのように作図したのかを，説明しなさい。

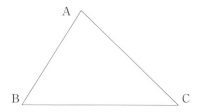

2
△ABCの，∠Aと∠Bの二等分線を作図しなさい。
また，それぞれ，どのように作図したのかを，説明しなさい。

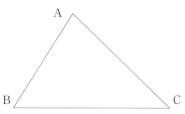

3
△ABCの辺ACの垂直二等分線と，∠Aの二等分線の交点を作図しなさい。
また，どのように作図したのかを，説明しなさい。

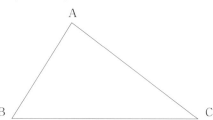

|解答|

作図について

男子も女子も助け合って学習しましょう

1年（　　）組（　　）番　名前（　　　　　　　　）

男子だけ，女子だけで固まらず，なるべくいろいろな人の意見や考えを聞いてみましょう。作図のやり方にも，いろいろな方法があります。

1

△ABCの辺ABの垂直二等分線を作図しなさい。
また，どのように作図したのかを，説明しなさい。

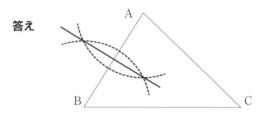

2

△ABCの，∠Aと∠Bの二等分線を作図しなさい。
また，それぞれ，どのように作図したのかを，説明しなさい。

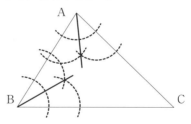

3

△ABCの辺ACの垂直二等分線と，∠Aの二等分線の交点を作図しなさい。
また，どのように作図したのかを，説明しなさい。

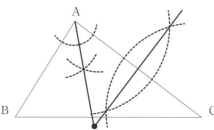

5 平面図形

3 接線・接点

▶ **本時の目標**（黒板に板書や紙で示す）
- 「接する」「接線」「接点」という用語を理解し、作図できるようになる。
- 授業の目標をそれぞれの生徒が意識し、目標の達成に向けて一人も見捨てずに学習する。

▶ **準備するもの**

次の見開きページの左側ページを生徒の人数分、拡大して印刷する。右側の解答ページをA3サイズ程度に数枚拡大コピーして教卓に置くか、黒板に貼る。生徒どうしの議論が大切なので、解答は全員には配付しない。過去のプリントの模範解答ファイルを教卓に置く（準備全般についてはP36を参照）。三角定規とコンパス。

▶ **授業のタイムスケジュール**

導入 （5分）	つまずいているところ、わかり方は人それぞれ違うので、できるだけたくさんの人と交流しながら課題に取り組むように促す。
『学び合い』スタート （40分）	一緒に学習するグループが固定しないように、いろいろな人と助け合いながら課題を達成するように呼びかける。とくに、円周上の点を通る点の接線の作図方法や、「なぜそうなるのか」という理由が難しいので、互いに説明し合い、全員が課題を達成できるように促す。
振り返り （5分）	課題を達成するために自分から助けを求めたか、あるいは誰かを助けることができたかなどを振り返る。

この授業のポイントと、クラス全体への声かけの例

▶課題プリントを配る時の、生徒へのひと言

- 「接するというのは、どういうことなのか、よく話し合ってください。また、作図の方法についても、何度も確認してください」

▶生徒の様子に応じた、授業展開の声かけの例

序盤での声かけ例：生徒のやる気を出させたい時

「お互いに説明して、言葉の意味が理解できているか確認しましょう」「一人も見捨てないクラスは、よいクラスだなぁって思います」「自分の説明に自信がなくても、説明にチャレンジしてください」

中盤での声かけ例：生徒がとまどっていて、援助したい時

「接線と半径が垂直に交わるのは、なぜなのか、接線の作図は、なぜこのように作図しなければならないのかについて、お互いに説明できるようになってください」

終盤の声かけ例：一人も見捨てないようにしたい時

「クラス全体がレベルアップしてほしいです。困っている人がいる時に、誰かがかならず気づいて見捨てないクラスになってください」「あきらめそうな人がいたら、ぜひ励ましてください。今日の課題を、全員が達成できるようにしましょう」

接線・接点について

学習するグループをどんどん新しくしましょう

1年（　　　）組（　　　）番　名前（　　　　　　　　　　）

いつも同じ人と学習していると，考え方のパターンも次第に固まってしまいます。
なるべくいろいろな人と交流しながら学習をすすめましょう。

1

「円の接線」とは何か，また「接点」とは何か，自分なりの説明を考えて，ほかの人に説明しなさい。

2

図で直線 ℓ は円Oの接線であり，点Aは接点である。また，直線 m, n は，ℓ に平行な直線である。
この時，線分OAが直線 ℓ と垂直になることを，直線 m, n を用いて説明しなさい。

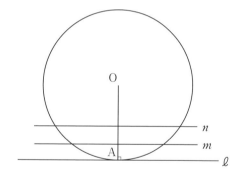

3

右図で，円Oの接線を作図しなさい。
ただし，その接線は，点Aを通るようにしなさい。

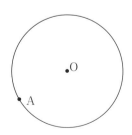

解答

接線・接点について
学習するグループをどんどん新しくしましょう

1年（　　）組（　　）番　名前（　　　　　　　　）

いつも同じ人と学習していると，考え方のパターンも次第に固まってしまいます。なるべくいろいろな人と交流しながら学習をすすめましょう。

1

「円の接線」とは何か，また「接点」とは何か，自分なりの説明を考えて，ほかの人に説明しなさい。

> 解答例）「円の接線」とは，直線のことである。この直線は，円と1点だけを共有している。「接点」とは，接線と円とが共有している1点のことである。

2

図で直線 ℓ は円Oの接線であり，点Aは接点である。また，直線 m, n は，ℓ に平行な直線である。この時，線分OAが直線 ℓ と垂直になることを，直線 m, n を用いて説明しなさい。

> 解答例）図のように交点B，C，D，Eを考えると，△OBCや△ODEは，二等辺三角形であり，OAは，BCやDEの垂直二等分線である。直線 m, n を動かしていくと直線 ℓ になるので，線分OAは直線 ℓ と垂直である。

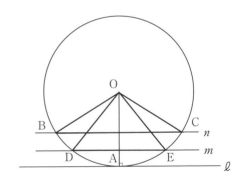

3

右図で，円Oの接線を作図しなさい。ただし，その接線は，点Aを通るようにしなさい。

> 解答例）半径OAを2倍に伸ばし，線分OBを作る。OとBを中心に半径が同じ円を書く。交点を結ぶと線分OBの垂直二等分線ができる。これが，点Aを通る接線になる。

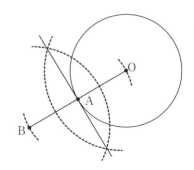

5 平面図形

4 おうぎ形の弧の長さ・面積

▶本時の目標（黒板に板書や紙で示す）

- おうぎ形の弧の長さや面積を求めることができる。おうぎ形の中心角を求めることができる。
- 授業の目標をそれぞれの生徒が意識し、目標の達成に向けて一人も見捨てずに学習する。

▶準備するもの

次の見開きページの左側ページを生徒の人数分、拡大して印刷する。右側の解答ページをA3サイズ程度に数枚拡大コピーして教卓に置くか、黒板に貼る。生徒どうしの議論が大切なので、解答は全員には配付しない。過去のプリントの模範解答ファイルを教卓に置く（準備全般についてはP36を参照）。

▶授業のタイムスケジュール

導入 （5分）	単に教え合うだけでなく、一人も見捨てないことを、本気で達成しようとする授業であることを訴える。
『学び合い』スタート （40分）	何度も説明していくと、理解が深まることを伝える。実際に、ホワイトボードを使いながら、公式そのものや、公式の使い方についてお互いに自分の理解したことを相手に説明していく。
振り返り （5分）	一人も見捨てないようにできたか、困っている人を見つけようとしたか、自分から助けを求めることができたか、振り返る。

この授業のポイントと、クラス全体への声かけの例

▶課題プリントを配る時の、生徒へのひと言

- 「円周率「$π$」を使って、おうぎ形の弧の長さや面積を計算できるようにしましょう。もう一度、文字式の書き方のルールを確認してください。また、公式や比例式の考え方を使って、おうぎ形の中心角が求められるようにしましょう」

▶生徒の様子に応じた、授業展開の声かけの例

序盤での声かけ例：生徒のやる気を出させたい時

「難しい問題に対して、あきらめずにチャレンジしましょう」「自分が困った時には、どんどん聞きに行きましょう」「説明が中途半端な時には、どこが不十分なのか教えてあげてください」

中盤での声かけ例：生徒がとまどっていて、援助したい時

「公式の作り方がわからない人もいるし、なぜ分母が360なのかわからない人もいるし、公式の使い方がわからない人もいるし、いろいろです」「どんどん動いて、自分と同じ悩みの人を探してみてください」

終盤の声かけ例：一人も見捨てないようにしたい時

「クラスの全員で、絶対に一人も見捨ないようにしましょう」「以前学習した内容も、わからなければどんどん聞いてください」「近くに困っている人がいないか、よくまわりを見てください」「今日の課題を、全員の力で達成しましょう」

おうぎ形の弧の長さ・面積

たくさんの人に何度も説明してみよう

1年（　　）組（　　）番　名前（　　　　　　　）

ほかの人の説明を聞いて内容がわかってきたら，今度は自分が説明してみましょう。うまく説明できない部分を見つけて，自分の弱点をなくしていきましょう。

1

おうぎ形の弧の長さと面積を求めるために，次のような公式があります。
ただし a は，おうぎ形の中心角です。

$$（弧の長さ）\ell = 2\pi r \times \frac{a}{360} \qquad （面積）S = \pi r^2 \times \frac{a}{360}$$

なぜ，この公式でおうぎ形の弧の長さと面積を求められるのか，説明しなさい。

2

次のようなおうぎ形の弧の長さと面積を求めなさい。
また，どのようにして求めたのか，説明しなさい。

(1) 半径 6cm　中心角　60°

(2) 半径 8cm　中心角　270°

3

半径 8 cm，弧の長さ 12π cm のおうぎ形があります。
このおうぎ形の中心角の大きさを求めなさい。

| 解答 | おうぎ形の弧の長さ・面積 |

たくさんの人に何度も説明してみよう

1年(　　)組(　　)番　名前(　　　　　　　　)

ほかの人の説明を聞いて内容がわかってきたら，今度は自分が説明してみましょう。うまく説明できない部分を見つけて，自分の弱点をなくしていきましょう。

1

おうぎ形の弧の長さと面積を求めるために，次のような公式があります。
ただし a は，おうぎ形の中心角です。

$$（弧の長さ）\ell = 2\pi r \times \frac{a}{360} \qquad （面積）S = \pi r^2 \times \frac{a}{360}$$

なぜ，この公式でおうぎ形の弧の長さと面積を求められるのか，説明しなさい。
　答え　円とおうぎ形の比は中心角の比と同じなので，円の公式に比の値をかければよい。

2

次のようなおうぎ形の弧の長さと面積を求めなさい。
また，どのようにして求めたのか，説明しなさい。

(1) 半径6cm　中心角　60°
（弧の長さ）$2\pi \times 6 \times \dfrac{60}{360} = 12\pi \times \dfrac{1}{6} = 2\pi$ （cm）

（面積）$\pi \times 6^2 \times \dfrac{60}{360} = 36\pi \times \dfrac{1}{6} = 6\pi$ （cm²）

(2) 半径8cm　中心角　270°
（弧の長さ）$2\pi \times 8 \times \dfrac{270}{360} = 16\pi \times \dfrac{3}{4} = 12\pi$ （cm）

（面積）$\pi \times 8^2 \times \dfrac{270}{360} = 64\pi \times \dfrac{3}{4} = 48\pi$ （cm²）

3

半径8cm，弧の長さ 12π cm のおうぎ形があります。
このおうぎ形の中心角の大きさを求めなさい。

半径8cmの円の周の長さは 16π cm だから，中心角を x 度とすると，$12\pi : 16\pi = x : 360$
これを解くと，$x = 270$　　　　　　　　　　　　　　　　　　**答え** 270°

6 空間図形

1 平面の決定と2直線の位置関係

▶本時の目標（黒板に板書や紙で示す）

- 3点を決めると平面が1つ決まることを理解する。空間内の直線の、「交わる」「平行」「ねじれ」の関係について理解する。
- 授業の目標をそれぞれの生徒が意識し、目標の達成に向けて一人も見捨てずに学習する。

▶準備するもの

次の見開きページの左側ページを生徒の人数分、拡大して印刷する。右側の解答ページをA3サイズ程度に数枚拡大コピーして教卓に置くか、黒板に貼る。生徒どうしの議論が大切なので、解答は全員には配付しない。過去のプリントの模範解答ファイルを教卓に置く（準備全般についてはP36を参照）。立体図形の模型。

▶授業のタイムスケジュール

導入 （5分）	課題プリントの全員達成を目指し、普段の友達関係にこだわらず、全員が力を合わせて、一人も見捨てないようにしてほしいと伝える。
『学び合い』スタート （40分）	比較的難易度の高い課題なので、早めにお互いに協力するように呼びかける。模型は、かならず自分で触れて、それぞれの面や線分を指差しながら、点、線、面の関係について理解していくように伝える。
振り返り （5分）	一人も見捨てないようにしながら、課題に取り組むことができたかについて、教師の気づいたことを伝える。

この授業のポイントと、クラス全体への声かけの例

▶課題プリントを配る時の、生徒へのひと言

- 「空間の中の図形について考える時は、模型などを使い、実際の様子を見ながら考えるようにしましょう。とくに、直線と直線の関係については、かならず模型を使って考えるようにしてください」

▶生徒の様子に応じた、授業展開の声かけの例

序盤での声かけ例：生徒のやる気を出させたい時

「いままでに勉強したことを全部使いましょう。クラス全員が、それぞれできることをやりましょう」「困った時には、友達に聞いてもいいし、自分で調べてもいいです。教科書にも、ちゃんと書いてあります」

中盤での声かけ例：生徒がとまどっていて、援助したい時

「模型を使って、実際に自分で指を差して、どれとどれが平行なのか、交わっているのかなどを、ほかの人に説明してください」「指で、これとこれ、というだけでなく、理由もきちんと言うようにしてください」

終盤の声かけ例：一人も見捨てないようにしたい時

「うまくいかない時には、いつもと違う友達にも聞いてみましょう。課題を解決するために必要な行動をとってください」「一人ひとりのわからないところは違います。わからないところを聞くと、聞かれた人にとっても勉強になります」

平面の決定と2直線の位置関係

いつもと違う友達と相談しましょう

1年（　　）組（　　）番　名前（　　　　　　　　）

いままでの学習内容を全部使いましょう。うまくいかない時は，いつもと違う人にも，どんどん聞いてください。新しい方法が見つかるかもしれません。

1

カメラを三脚を使って支えると，グラグラせずにしっかり固定することができますが，足が4本ある机はグラグラすることがあります。それはなぜか，理由を説明しなさい。

2

右の直方体について，次の問いに答えなさい。

(1) 辺CGに平行な辺をすべて答えなさい

(2) 辺CGと垂直に交わる辺はどれですか。理由をつけて答えなさい。

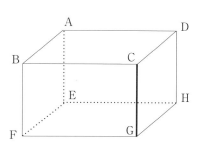

(3) 辺CGとねじれの位置にある直線はどれですか。理由をつけて答えなさい。

3

右の正四角錐について，次のような直線をすべて答えなさい。またその理由を答えなさい。

(1) 直線BCと交わる直線

(2) 直線BCと平行な直線

(3) 直線BCとねじれの位置にある直線

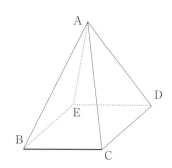

解答

平面の決定と2直線の位置関係

いつもと違う友達と相談しましょう

1年（　　）組（　　）番　名前（　　　　　　　）

> いままでの学習内容を全部使いましょう。うまくいかない時は、いつもと違う人にも、どんどん聞いてください。新しい方法が見つかるかもしれません。

1

カメラを三脚を使って支えると、グラグラせずにしっかり固定することができますが、足が4本ある机はグラグラすることがあります。それはなぜか、理由を説明しなさい。

> 三脚の足の先の点で平面は1つだけ決まるが、足の先が4つあると、平面がいくつも決まってしまうので、グラグラしてしまう。（去年の生徒の回答例）

2

右の直方体について、次の問いに答えなさい。

(1) 辺CGに平行な辺をすべて答えなさい

答え AE, BF, DH

(2) 辺CGと垂直に交わる辺はどれですか。理由をつけて答えなさい。

答え BC, CD, FG, GH
それぞれCとGが交点で、角度が90度だから。

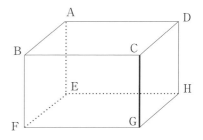

(3) 辺CGとねじれの位置にある直線はどれですか。理由をつけて答えなさい。

答え AB, AD, EF, EH
交わらないし、平行でないから

3

右の正四角錐について、次のような直線をすべて答えなさい。またその理由を答えなさい。

(1) 直線BCと交わる直線

答え 直線AB, BE, AC, CD
理由）点Bと点Cで交わっているから

(2) 直線BCと平行な直線

答え 直線ED
理由）底面は正方形だから

(3) 直線BCとねじれの位置にある直線

答え 直線AE, AD
理由）交わらないし、平行でないから

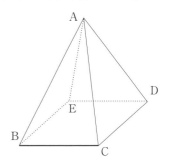

6 空間図形

2 直線と平面・2平面の位置関係

▶本時の目標（黒板に板書や紙で示す）

- 直線と平面や、平面と平面について、「交わる」「平行」という関係を理解する。とくに2つの平面が垂直に交わっているという関係については、言葉を使って説明できるようになる。
- 授業の目標をそれぞれの生徒が意識し、目標の達成に向けて一人も見捨てずに学習する。

▶準備するもの

次の見開きページの左側ページを生徒の人数分、拡大して印刷する。右側の解答ページをA3サイズ程度に数枚拡大コピーして教卓に置くか、黒板に貼る。生徒どうしの議論が大切なので、解答は全員には配付しない。過去のプリントの模範解答ファイルを教卓に置く（準備全般についてはP36を参照）。立体図形の模型。

▶授業のタイムスケジュール

導入 (5分)	一人も見捨てずに課題を達成できるように、クラス全員で取り組み、「一人も見捨てないクラス」になろうと訴える。
『学び合い』スタート (40分)	課題を簡単に仕上げてしまう生徒もいれば、難しく感じる生徒もいる。プリントの答えと同じならよい、と考えないように伝える。 模型を実際に手にとって、それぞれの直線や面を具体的に示しながら、しかも説明しようと試みることを促す。
振り返り (5分)	一人も見捨てない、という考え方でクラス全体を見た時の、よかった点・改善すべき点を伝える。

この授業のポイントと、クラス全体への声かけの例

▶課題プリントを配る時の、生徒へのひと言

- 「直線と平面の関係や、平面と平面の関係について、模型を使ってお互いに説明してみましょう。その時に「この面と、この面が垂直」という言い方ではなく、「面ABCDと、面ABFEが垂直」というように、きちんと記号を使って説明しましょう」

▶生徒の様子に応じた、授業展開の声かけの例

序盤での声かけ例：生徒のやる気を出させたい時

「友達の説明を聞きながら、自分の説明も改善してください」「質問したければどんどん質問しましょう。自分一人でがんばるのも、もちろんOKです。プリントの答えや教科書を見るのもOKです」

中盤での声かけ例：生徒がとまどっていて、援助したい時

「模型を使って自分の言葉で説明してみてください」「プリントの答えは〈例〉ですから、違う言い方でも大丈夫です」「なるべく言葉を使って説明してみましょう」「自分が納得できるか、友達が納得してくれるかを確かめながら、説明してみましょう」

終盤の声かけ例：一人も見捨てないようにしたい時

「今日の課題を、全員の力で達成しましょう」「どうも自信がない問題は、誰かに説明を聞いてもらいましょう」「できたつもり・わかったつもりにならないように、自分の解き方をぜひ説明してください」

直線と平面・2平面の位置関係

「自分の言葉」で説明しましょう

1年（　　）組（　　）番　名前（　　　　　　　　　）

いままでの学習内容を全部使いましょう。うまくいかないときは，いつもと違う人にも，どんどん聞いてください。新しい方法が見つかるかもしれません。

1

直線ℓが平面Pと点Aで交わっていて，しかも直線ℓが「平面Pの上の点Aを通るすべて直線」と垂直である時に，「**直線ℓは平面Pと垂直である**」といいます。このことを用いて，下の直方体で，直線CGが平面ABCDに垂直になることを説明しなさい。

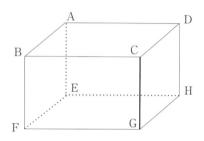

2

2つの平面があり，一方の平面に「もう1つの平面と垂直な直線」が含まれる時に，「**この2つの平面は垂直である**」といいます。図は，直方体を斜めに切った図で，ADとDEは垂直です。次の問いにあてはまる面を，それぞれすべて答えなさい。また，上のことを用いて，その理由を答えなさい。

(1) 平面ABCDと垂直に交わる面

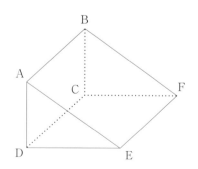

(2) 平面ADEと平行な面

(3) 平面ABFEと交わるが垂直でない面

| 解答 | 直線と平面・2平面の位置関係 |

「自分の言葉」で説明しましょう

1年（　　　）組（　　　）番　名前（　　　　　　　　　　　）

いままでの学習内容を全部使いましょう。うまくいかないときは，いつもと違う人にも，どんどん聞いてください。新しい方法が見つかるかもしれません。

1

直線ℓが平面Pと点Aで交わっていて，しかも直線ℓが「平面Pの上の点Aを通るすべて直線」と垂直である時に，「**直線ℓは平面Pと垂直である**」といいます。このことを用いて，下の直方体で，直線CGが平面ABCDに垂直になることを説明しなさい。

説明例）平面ABCD上の直線のうちBCとCDは直線CGと点Cで垂直に交わる。直線ACも点Cで直線CGと垂直に交わる。このほかのすべての直線も垂直に交わる。したがって，直線CGは平面ABCDと垂直である。

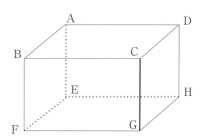

2

2つの平面があり，一方の平面に「もう1つの平面と垂直な直線」が含まれる時に，「**この2つの平面は垂直である**」といいます。図は，直方体を斜めに切った図で，ADとDEは垂直です。次の問いにあてはまる面を，それぞれすべて答えなさい。また，上のことを用いて，その理由を答えなさい。

(1) 平面ABCDと垂直に交わる面
　答え 平面ADE　　理由）辺DE⊥平面ABCD
　　　　 平面BCF　　理由）辺CF⊥平面ABCD
　　　　 平面CDEF　　理由）辺CF⊥平面ABCD

(2) 平面ADEと平行な面
　答え 平面BCF
　　　　 理由）直方体の向かいあう面は平行だから。

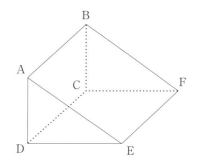

(3) 平面ABFEと交わるが垂直でない面
　答え 平面ABCD，CDEF
　　　　 理由）平面ABFEに垂直な直線が，これらの平面に含まれていないから。

6 空間図形

3 回転体と投影図

▶本時の目標（黒板に板書や紙で示す）

- 平面図形を回転させて「回転体」を作り、表面積や体積を計算できるようになる。
- 授業の目標をそれぞれの生徒が意識し、目標の達成に向けて一人も見捨てずに学習する。

▶準備するもの

次の見開きページの左側ページを生徒の人数分、拡大して印刷する。右側の解答ページをA3サイズ程度に数枚拡大コピーして教卓に置くか、黒板に貼る。生徒どうしの議論が大切なので、解答は全員には配付しない。過去のプリントの模範解答ファイルを教卓に置く（準備全般についてはP36を参照）。立体図形の模型。

▶授業のタイムスケジュール

導入 （5分）	用語の説明などは、単純に暗記せずに、言葉の意味や使い方を説明できるようになってほしいと伝える。
『学び合い』スタート （40分）	自分一人できる生徒と、助けが必要な生徒がいるので、一人も見捨てないことを全体に呼びかける。 自分達で平面図形を決めて回転させ、回転体を繰り返し作ってみるように伝える。
振り返り （5分）	生徒自身が、途中の40分間に、一人も見捨てないということを考えながら学習できたかを振り返る。

この授業のポイントと、クラス全体への声かけの例

▶課題プリントを配る時の、生徒へのひと言

- 「平面図形から回転体を作る時には、模型を使ったり、コンピュータソフトを利用すると、イメージしやすくなります。できあがった回転体の表面積や体積を求めるために、展開図を考えてください」

▶生徒の様子に応じた、授業展開の声かけの例

序盤での声かけ例：生徒のやる気を出させたい時

「困った時には、みんなに助けを求めましょう」「本当にサインしてもいいのか、きちんと確認しましょう」「うまくいかない時には、いろいろな人に聞いてみるとよいと思います」

中盤での声かけ例：生徒がとまどっていて、援助したい時

「それぞれの用語の意味を、なるべくきちんと説明できるようになりましょう」「ほかの人に聞いてもらって、納得してもらったらサインをもらってください」「模型などを使って、実際に自分で指さして、理由を説明してみてください」

終盤の声かけ例：一人も見捨てないようにしたい時

「近くに困っている人がいないか、よくまわりを見てください」「あいまいなところがある人は、この時間内で解決しましょう」「最後までがんばって、一人も見捨てずに全員で課題を達成しましょう」

回転体と投影図

普段と違う人と一緒に勉強しよう

1年（　　）組（　　）番　名前（　　　　　　　　　）

自分一人でできる人と，どうしても助けが必要な人がいます。でも，全員が，「かけがえのない大切な人」です。絶対に，一人も見捨てないようにしましょう。

1

次の用語について説明しなさい。なお，説明する時には，教科書の図やフリーハンドの図を用いて説明しなさい。

(1) 回転体
(2) 回転の軸
(3) 母線
(4) 立面図
(5) 平面図
(6) 投影図

2

(1) 円柱や円錐を，回転の軸を含む平面で切ると，その切り口はどんな図形になりますか。図を用いて説明しなさい。

(2) 円柱や円錐を，回転の軸に垂直な平面で切ると，その切り口はどんな図形になりますか。図を用いて説明しなさい。

3

右の(1)と(2)の投影図で，立面図と平面図はどれか，答えなさい。また(1)と(2)は，それぞれどんな立体を表していますか。次の中から選び，その理由を言いなさい。

直方体，三角錐，四角錐，円柱，円錐，球

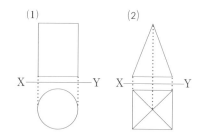

解答 回転体と投影図
普段と違う人と一緒に勉強しよう

1年（　　）組（　　）番　名前（　　　　　　　　）

自分一人でできる人と，どうしても助けが必要な人がいます。でも，全員が，「かけがえのない大切な人」です。絶対に，一人も見捨てないようにしましょう。

1

次の用語について説明しなさい。なお，説明する時には，教科書の図やフリーハンドの図を用いて説明しなさい。

(1) 回転体　　　　ある図形を，直線のまわりに1回転させてできる立体
(2) 回転の軸　　　回転体を作る時に，図形を1回転させる直線
(3) 母線　　　　　線分を動かして立体を作る時の，もとの線分
(4) 立面図　　　　立体を真正面から見た時の図
(5) 平面図　　　　立体を真上から見た図
(6) 投影図　　　　立面図と平面図を合わせた図

2

(1) 円柱や円錐を，回転の軸を含む平面で切ると，その切り口はどんな図形になりますか。図を用いて説明しなさい。
　答え　回転体の軸を対称軸とする長方形や二等辺三角形になる

(2) 円柱や円錐を，回転の軸に垂直な平面で切ると，その切り口はどんな図形になりますか。図を用いて説明しなさい。
　答え　回転の軸と切り口の平面との交点を中心とする円になる。円柱では，どんな場合でも同じ大きさの円になるが，円錐では，底面からの距離によって円の大きさは異なる。

3

右の(1)と(2)の投影図で，立面図と平面図はどれか，答えなさい。また(1)と(2)は，それぞれどんな立体を表していますか。次の中から選び，その理由を言いなさい。

直方体，三角錐，四角錐，円柱，円錐，球

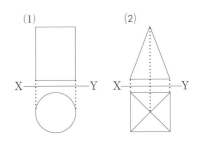

　答え　(1)円柱，(2)四角錐

6 空間図形

4 立体の切り口

▶本時の目標（黒板に板書や紙で示す）
- 角柱や角錐、円柱、円錐などの立体図形を、平面で切った時の切り口の図形について理解する。
- 授業の目標をそれぞれの生徒が意識し、目標の達成に向けて一人も見捨てずに学習する。

▶準備するもの
次の見開きページの左側ページを生徒の人数分、拡大して印刷する。右側の解答ページをA3サイズ程度に数枚拡大コピーして教卓に置くか、黒板に貼る。生徒どうしの議論が大切なので、解答は全員には配付しない。過去のプリントの模範解答ファイルを教卓に置く（準備全般についてはP36を参照）。立体図形の模型。

▶授業のタイムスケジュール

導入 （5分）	友達にサインをする時には、しっかり納得してからサインするように注意を呼びかける。
『学び合い』スタート （40分）	一人も見捨てないことができているか、困っている生徒が孤立していないか、全体に目を配っている様子があるかに注意する。 解答プリントを参考に、自分なりの説明を考えるように促す。
振り返り （5分）	一人も見捨てないようにできたか、困っている人を見つけようとしたか、自分から助けを求めることができたか、振り返る。

この授業のポイントと、クラス全体への声かけの例

▶課題プリントを配る時の、生徒へのひと言
- 「切り口について考える時に、「なぜ、そうなるのか」を一緒に考えてください。また、その理由を、きちんと言葉で説明できるようになってください」

▶生徒の様子に応じた、授業展開の声かけの例

序盤での声かけ例：生徒のやる気を出させたい時

「あなたのところに困っている人が質問に来たら、説明することにチャレンジしてください」「難しい問題にも、ねばり強く取り組みましょう。またギブアップしそうな人を助けてください」

中盤での声かけ例：生徒がとまどっていて、援助したい時

「なぜそういう切り口になるのかを、自分の言葉で説明しましょう」「プリントの答えはサンプルです。自分なりの説明を考えてください」「説明が苦手な人は、説明することにチャレンジしましょう」

終盤の声かけ例：一人も見捨てないようにしたい時

「うまく説明できない時は、説明の仕方を教えてもらってください」「いままで学習した内容で、わからないところは、どんどん聞いてください」「近くに困っている人がいないか、まわりをよく見てください」

立体の切り口について
一人ぼっちの人がいないようにしよう

1年(　　)組(　　)番　名前(　　　　　　　　)

> 一番大切なことは,「一人も見捨てない」ということです。困っている人がいないか,一人ぼっちの人がいないか,まわりを見てください。

1

右の図のように,立方体を対角線を含む平面ACFDで切って2つの立体を作る。次の問いに答えなさい。

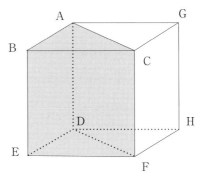

(1) 色のついた立体の名前を答えなさい。

(2) 切り口の四角形ACFDは,正方形ですか,それとも正方形ではない長方形ですか。理由をつけて答えなさい。

2

(1) 底面の半径が3cm,高さが7cmの円錐を,回転の軸を含む平面で切った時,切り口はどんな三角形になるか,理由をつけて答えなさい。また,その三角形の底辺の長さと高さを答えなさい。

(2) 円錐を,回転の軸に垂直な平面で切ると,その切り口はどんな図形になりますか。教科書の図を用いて,理由をつけて答えなさい。

解答	立体の切り口について

一人ぼっちの人がいないようにしよう

1年（　　）組（　　）番　名前（　　　　　　　　）

一番大切なことは，「一人も見捨てない」ということです。困っている人がいないか，一人ぼっちの人がいないか，まわりを見てください。

1

右の図のように，立方体を対角線を含む平面ACFDで切って2つの立体を作る。次の問いに答えなさい。

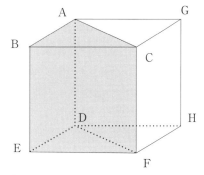

(1) 色のついた立体の名前を答えなさい。

　答え　三角柱

(2) 切り口の四角形ACFDは，正方形ですか，それとも正方形ではない長方形ですか。理由をつけて答えなさい。

　答え　ADよりもACの方が長い。またADやCFは面ABCGに垂直だから，切り口の4つの角はすべて直角である。したがって，正方形でない長方形になる。

2

(1) 底面の半径が3cm，高さが7cmの円錐を，回転の軸を含む平面で切った時，切り口はどんな三角形になるか，理由をつけて答えなさい。また，その三角形の底辺の長さと高さを答えなさい。

　答え　回転の軸について対称だから，底辺6cm高さ7cmの二等辺三角形になる。

(2) 円錐を，回転の軸に垂直な平面で切ると，その切り口はどんな図形になりますか。教科書の図を用いて，理由をつけて答えなさい。

　答え　切り口は，回転の軸と平面との交点を中心とする円になる。
　　　　また，底面からの距離によって円の大きさは異なる。
　　　　円錐は，直角三角形を回転させてできる回転体だから，切り口は円になる。

6 空間図形

5 立体の展開図

▶本時の目標（黒板に板書や紙で示す）
- 立方体や三角錐の展開図について理解する。また、実際に展開図から元の立体を作ることができる。
- 授業の目標をそれぞれの生徒が意識し、目標の達成に向けて一人も見捨てずに学習する。

▶準備するもの
次の見開きページの左側ページを生徒の人数分、拡大して印刷する。右側の解答ページをA3サイズ程度に数枚拡大コピーして教卓に置くか、黒板に貼る。生徒どうしの議論が大切なので、解答は全員には配付しない。過去のプリントの模範解答ファイルを教卓に置く（準備全般についてはP36を参照）。立体図形の模型。

▶授業のタイムスケジュール

導入 （5分）	課題プリントの全員達成を目指し、一人も見捨てないことを語る。そのためにできることを最後まで考えていくことを訴える。
『学び合い』スタート （40分）	もしも、やる気が出ない生徒がいたら、クラスの仲間が励ますのが一番本人の力になることを、全体に対して伝えていく。 工作が苦手な生徒も巻きこんで、模型を作り、点、線、面の相互の関係について確認していくよう促す。
振り返り （5分）	課題を達成するために自分から助けを求めたか、あるいは誰かを助けることができたかなどを振り返る。

この授業のポイントと、クラス全体への声かけの例

▶課題プリントを配る時の、生徒へのひと言

- 「展開図から立体を組み立てて、どのような立体ができるのかを確認してください。また、展開図では離れている点や辺、面が、もとの立体では隣にあったりするので、確認してください。面や辺の交わる様子や平行な関係についても、確認しましょう」

▶生徒の様子に応じた、授業展開の声かけの例

序盤での声かけ例：生徒のやる気を出させたい時

「自分なりに説明できるところまでがんばりましょう」「誰かに質問されたら、〈説明するチャンスをもらった〉と考えて説明してみてください。自分自身の理解を深めることにもつながります」

中盤での声かけ例：生徒がとまどっていて、援助したい時

「プリントの解答が、絶対に正しいとは限りません」「なぜ、そうなるかを自分達で考えてください」「なぜ、プリントにはこのように書いてあるのか、ということを考えてみてください」

終盤の声かけ例：一人も見捨てないようにしたい時

「普段の人間関係をこえて、男女も関係なしに、どんどん意見交換しましょう」「最後までがんばって、一人も見捨てずに全員で課題を達成しましょう」

立体の展開図

あなたの「励ましの言葉」がやる気のもとになります

1年(　　　)組(　　　)番　名前(　　　　　　　　)

クラス全体が1つのチームになって，絶対に一人も見捨てずに最後までがんばってください。「一緒にがんばろう」のひと言が，大きな力になります。

1

右の図は，立方体の展開図です。次の問いに答えなさい。

(1) この展開図から立方体を作った時に，図の線分ABは線分KBと重なります。では，線分KLと重なるのはどの線分か答えなさい。

(2) この展開図から立方体を作った時に，面BCLKと垂直に交わる線分はどれかすべて答えなさい。

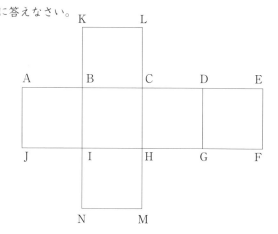

2

右の四角形は正方形で，点Eと点Fはそれぞれ辺BC，辺DCの中点です。この正方形を点線に沿って折ると，△CEFを底面とする三角錐を作ることができます。この正方形の1辺の長さが8cmの時，次の問いに答えなさい。

(1) 三角錐の底面である△CEFの面積を求めなさい。

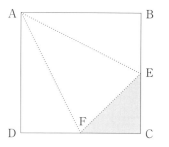

(2) この三角錐の高さとして，正しいものは，線分AB，線分AE，線分AFのうちのどれか，理由をつけて答えなさい。

(3) 三角錐の側面のうち，△ABEと△ADFは垂直に交わっていますか。理由をつけて答えなさい。

| 解答 | 立体の展開図 |

あなたの「励ましの言葉」がやる気のもとになります

1年(   )組(   )番　名前(   )

クラス全体が1つのチームになって，絶対に一人も見捨てずに最後までがんばってください。「一緒にがんばろう」のひと言が，大きな力になります。

1

右の図は，立方体の展開図です。次の問いに答えなさい。

(1) この展開図から立方体を作った時に，図の線分ABは線分KBと重なります。では，線分KLと重なるのはどの線分か答えなさい。

答え 線分DE

(2) この展開図から立方体を作った時に，面BCLKと垂直に交わる線分はどれかすべて答えなさい。

答え 線分AJ, BI, CH, DG, EF

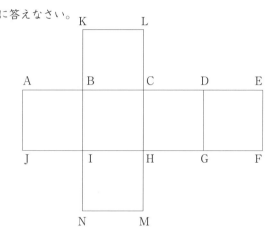

2

右の四角形は正方形で，点Eと点Fはそれぞれ辺BC，辺DCの中点です。この正方形を点線に沿って折ると，△CEFを底面とする三角錐を作ることができます。この正方形の1辺の長さが8cmの時，次の問いに答えなさい。

(1) 三角錐の底面である△CEFの面積を求めなさい。

答え 面積は，8cm²

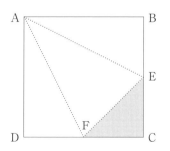

(2) この三角錐の高さとして，正しいものは，線分AB，線分AE，線分AFのうちのどれか，理由をつけて答えなさい。

答え 線分ABだけが△CEFに垂直なので，正しい高さは線分AB

(3) 三角錐の側面のうち，△ABEと△ADFは垂直に交わっていますか。理由をつけて答えなさい。

答え △ABE⊥FC (=FD) であり，△ADFはFC (=FD) を含むので，△ABE⊥△ADFといえる。

6　空間図形

6　いろいろな立体の表面積

▶本時の目標（黒板に板書や紙で示す）

- 底面積、側面積、表面積という用語について理解する。おうぎ形の面積の求め方を復習し、円錐の側面積を計算できるようになる。
- 授業の目標をそれぞれの生徒が意識し、目標の達成に向けて一人も見捨てずに学習する。

▶準備するもの

次の見開きページの左側ページを生徒の人数分、拡大して印刷する。右側の解答ページをA3サイズ程度に数枚拡大コピーして教卓に置くか、黒板に貼る。生徒どうしの議論が大切なので、解答は全員には配付しない。過去のプリントの模範解答ファイルを教卓に置く（準備全般についてはP36を参照）。立体図形の模型。

▶授業のタイムスケジュール

導入 （5分）	単に教え合うだけでなく、一人も見捨てないことを、本気で達成しようとする授業であることを訴える。
『学び合い』スタート （40分）	男子も女子も助け合って、全員が課題を達成できるように、一人ひとりが、まわりの人に声をかけ合っていくよう呼びかける。 とくに円錐の側面積は、おうぎ形の面積の計算方法を活用するように促す。
振り返り （5分）	一人も見捨てないようにしながら、課題に授業に取り組むことができたかについて、教師の気づいたことを伝える。

この授業のポイントと、クラス全体への声かけの例

▶課題プリントを配る時の、生徒へのひと言

- 「いろいろな立体の表面積を求めます。角錐の「立体としての高さ」と、「側面の二等辺三角形の高さ」は異なるので、注意してください。円錐の側面はおうぎ形になります。中心角の求め方を、みんなで考えてみましょう」

▶生徒の様子に応じた、授業展開の声かけの例

序盤での声かけ例：生徒のやる気を出させたい時

「途中の計算が苦手なら、友達に説明しながら、一つひとつ確認しながらやってみよう」「用語の意味は教科書に書いてあるけれど、自分の言葉で説明できるようになれば、絶対に忘れません」

中盤での声かけ例：生徒がとまどっていて、援助したい時

「側面積、表面積、底面積など、いろいろな用語があるから、一つひとつ説明できるようになってください」「側面が、三角形なのかおうぎ形なのか、それぞれどのようにして面積を計算するのか、お互いに教え合ってください」

終盤の声かけ例：一人も見捨てないようにしたい時

「できたつもり・わかったつもりにならないように、自分の解き方をぜひ説明してください」「クラス全体がレベルアップしてほしいです。困っている人がいる時に、誰かがかならず気づいて、一人も見捨てないクラスになってください」

いろいろな立体の表面積

男女関係なく、助け合いましょう

1年（　　）組（　　）番　名前（　　　　　　　　）

どうしても、一緒に学習する人が決まってしまうことがあります。たまには、普段と違う人と一緒に勉強してみましょう。きっと、新しい発見があります。

※以下のそれぞれの問題では、フリーハンドで見取り図や展開図を書き、「なぜ、そうなるのか」を説明してください。

1

(1) 底面が1辺 6cmで、側面の二等辺三角形の高さが 5cmである正四角錐の側面積を求めなさい（表面積ではありません）。

(2) 底面が1辺10cmで、側面の二等辺三角形の高さが 12cmである正四角錐の表面積を求めなさい（側面積ではありません）。

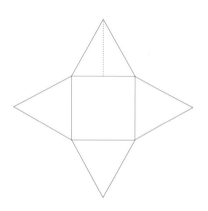

2

底面の半径が6cm、母線の長さが9cmの円錐の表面積を求めましょう。

(1) この円錐の展開図を考えると、側面は中心角が240度のおうぎ形になります。なぜそうなるのか、説明しなさい。

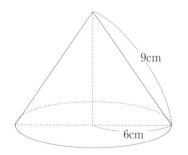

(2) この円錐の側面積と底面積を求め、表面積を求めなさい。

解答	いろいろな立体の表面積

男女関係なく，助け合いましょう

1年（　）組（　）番　名前（　　　　　）

どうしても，一緒に学習する人が決まってしまうことがあります。たまには，普段と違う人と一緒に勉強してみましょう。きっと，新しい発見があります。

※以下のそれぞれの問題では，フリーハンドで見取り図や展開図を書き，「なぜ，そうなるのか」を説明してください。

1

(1) 底面が1辺6cmで，側面の二等辺三角形の高さが5cmである正四角錐の側面積を求めなさい（表面積ではありません）。
　答え 側面積は，60cm²

(2) 底面が1辺10cmで，側面の二等辺三角形の高さが12cmである正四角錐の表面積を求めなさい（側面積ではありません）。
　答え 表面積は，100 + 240 = 340cm²

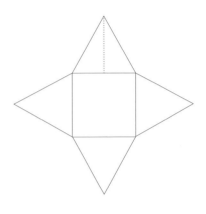

2

底面の半径が6cm，母線の長さが9cmの円錐の表面積を求めましょう。

(1) この円錐の展開図を考えると，側面は中心角が240度のおうぎ形になります。なぜそうなるのか，説明しなさい。
　答え おうぎ形の半径は9cmなので，360°の円周を作ると18πcmになるはずだが，底面の円周は12πcmしかないので，240°になる。

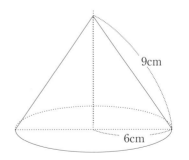

(2) この円錐の側面積と底面積を求め，表面積を求めなさい。
　答え 側面積54πcm² 底面積36πcm² 表面積90πcm²

6 空間図形

7 いろいろな立体の体積

▶本時の目標（黒板に板書や紙で示す）

- 円柱や円錐、球の体積の求め方を理解し、円周率「π」を用いて、体積を計算することができる。
- 授業の目標をそれぞれの生徒が意識し、目標の達成に向けて一人も見捨てずに学習する。

▶準備するもの

次の見開きページの左側ページを生徒の人数分、拡大して印刷する。右側の解答ページをA3サイズ程度に数枚拡大コピーして教卓に置くか、黒板に貼る。生徒どうしの議論が大切なので、解答は全員には配付しない。過去のプリントの模範解答ファイルを教卓に置く（準備全般についてはP36を参照）。立体図形の模型。

▶授業のタイムスケジュール

導入 (5分)	つまずいているところ、わかり方は人それぞれ違うので、できるだけたくさんの人と交流しながら課題に取り組むように促す。
『学び合い』スタート (40分)	素早くできる生徒と、時間がかかる生徒の差が大きいことが予想されるので、早めに手助けするように呼びかける。 回転体の体積を求める際に、それぞれの部分に分解して最後に合計できるように、支援する。
振り返り (5分)	一人も見捨てない、という考え方でクラス全体を見た時の、よかった点・改善すべき点を伝える。

この授業のポイントと、クラス全体への声かけの例

▶課題プリントを配る時の、生徒へのひと言

- 「円柱や円錐、球の体積の求め方は、公式をあてはめるだけでなく、なぜそうなるのかをお互いに説明できるようになりましょう」

▶生徒の様子に応じた、授業展開の声かけの例

序盤での声かけ例：生徒のやる気を出させたい時

「難しい問題に対して、あきらめずにチャレンジしましょう」「自分が困った時には、どんどん聞きに行きましょう」「説明が中途半端な時には、どこが不十分なのか教えてあげてください」

中盤での声かけ例：生徒がとまどっていて、援助したい時

「公式についてわからない人は、教室の中を歩いてみましょう。うまい方法を見つけている人が、かならずいます」「面倒くさがらずに、自分で探してみてください」「計算方法は、近くの人に説明して、考え方が間違っていないか確認してもらうようにしましょう」

終盤の声かけ例：一人も見捨てないようにしたい時

「あきらめかけている人がクラスにいたら、かならず声をかけて、一人も見捨てないようにしましょう」「うまくいかない時には、いつもと違う友達にも聞いてみましょう。課題を解決するために必要な行動をとってください」

いろいろな立体の体積

教室の中を歩いてみましょう

1年(　　)組(　　)番　名前(　　　　　　　　)

> 理解の仕方は，人によって異なります。いろいろな人の意見をたくさん聞いて，自分の理解を深めましょう。また，困っている人を早めに見つけるようにしてください。

1

以下の(1), (2)について，教卓の模型などを用いて説明しなさい。

(1) 角柱の底面積をS，高さをhとすると，角錐の体積Vは，
$V = Sh$ で求めることができる。
また，同じ底面で同じ高さの角錐の体積は，
$V = \dfrac{1}{3}Sh$ で求めることができる。

(2) 円柱の底面の半径をr，高さをhとすると，
円柱の体積Vは，
$V = \pi r^2 h$ で求めることができる。
また，同じ底面で同じ高さの円錐の体積は，
$V = \dfrac{1}{3}\pi r^2 h$ で求めることができる。

2

下の図で，四角形ABEDは1辺の長さが3cmの正方形であり，△BEFは直角二等辺三角形であり，おうぎ形ADCの中心角は90度です。これらの図形を，線分CFを回転の軸として1回転させて立体を作ります。できた立体の体積を求めなさい。

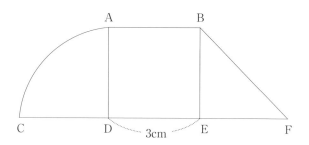

|解答| いろいろな立体の体積
教室の中を歩いてみましょう

1年（　）組（　）番　名前（　　　　　　　　）

理解の仕方は，人によって異なります。いろいろな人の意見をたくさん聞いて，自分の理解を深めましょう。また，困っている人を早めに見つけるようにしてください。

1

以下の(1), (2)について，教卓の模型などを用いて説明しなさい。

(1) 角柱の底面積をS，高さをhとすると，角錐の体積Vは，
$V = Sh$ で求めることができる。
また，同じ底面で同じ高さの角錐の体積は，
$V = \dfrac{1}{3}Sh$ で求めることができる。

(2) 円柱の底面の半径をr，高さをhとすると，
円柱の体積Vは，
$V = \pi r^2 h$ で求めることができる。
また，同じ底面で同じ高さの円錐の体積は，
$V = \dfrac{1}{3}\pi r^2 h$ で求めることができる。

(1)と(2)の説明例
角錐や円錐の入れ物に水を入れて，角柱や円柱の模型に水を移すと，ちょうど3回で一杯になるので，角錐や円錐の体積は角柱や円柱の体積の3分の1である。したがって，公式のとおり体積を求めることができる。

2

下の図で，四角形ABEDは1辺の長さが3cmの正方形であり，△BEFは直角二等辺三角形であり，おうぎ形ADCの中心角は90度です。これらの図形を，線分CFを回転の軸として1回転させて立体を作ります。できた立体の体積を求めなさい。

答え 1回転させてできた立体の体積は，左から順に

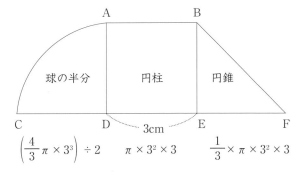

だから，体積の合計は，$18\pi + 27\pi + 9\pi = 54\pi$ cm³ である。

7 資料の活用

1 相対度数

▶本時の目標（黒板に板書や紙で示す）

- 相対度数の求め方を理解し、相対度数から度数分布多角形を作図して、分布のようすを確認できる。
- 授業の目標をそれぞれの生徒が意識し、目標の達成に向けて一人も見捨てずに学習する。

▶準備するもの

次の見開きページの左側ページを生徒の人数分、拡大して印刷する。右側の解答ページをA3サイズ程度に数枚拡大コピーして教卓に置くか、黒板に貼る。生徒どうしの議論が大切なので、解答は全員には配付しない。過去のプリントの模範解答ファイルを教卓に置く（準備全般についてはP36を参照）。電卓。

▶授業のタイムスケジュール

導入 （5分）	課題プリントの全員達成を目指し、普段の友達関係にこだわらず、全員が力を合わせて、一人も見捨てないようにしてほしいと伝える。
『学び合い』スタート （40分）	電卓を用いて、相対度数を実際に計算し、度数分布多角形を記入して、集団の特徴を視覚的にとらえられるようを支援する。 途中の計算に自信がない生徒は、自分の計算方法をまわり生徒に説明して確認するように呼びかける。
振り返り （5分）	生徒自身が、途中の40分間に、一人も見捨てないということを考えながら学習できたかを振り返る。

この授業のポイントと、クラス全体への声かけの例

▶課題プリントを配る時の、生徒へのひと言

- 「全体の度数が異なる資料を比べる時に、度数どうしを直接比べると、うまく比べられない場合があります。そこで、相対度数を利用して度数分布多角形を作り、比べてみましょう」

▶生徒の様子に応じた、授業展開の声かけの例

序盤での声かけ例：生徒のやる気を出させたい時

「お互いに説明して、言葉の意味が理解できているか確認しましょう」「一人も見捨てないクラスは、よいクラスだなぁって思います」「自分の説明に自信がなくても、説明にチャレンジしてください」

中盤での声かけ例：生徒がとまどっていて、援助したい時

「いろいろな用語を、お互いに説明文の中でたくさん使って、意味や使い方を身につけてください」「電卓を使って計算する時も、答えが合っているかどうかもう一度確認してください」「度数分布多角形を作ったら、ほかのものと比べて特徴をつかんでください」

終盤の声かけ例：一人も見捨てないようにしたい時

「一人ひとりのわからないところは違います。わからないところを聞くと、聞かれた人が勉強になります」「今日の課題を、全員の力で達成しましょう」「あいまいなところがある人は、この時間内で解決しましょう」

相対度数

みんながチャレンジできるクラスを作りましょう

1年（　　）組（　　）番　名前（　　　　　　　）

「自分の説明に自信がない」と言う人がたくさんいます。でも，実際に説明してみると，自分の理解が不十分なところがわかり，理解が深まります。みんなが説明役になれるように，「誰でもチャレンジできるクラス」をみんなで作りましょう。

1

次の用語について，それぞれ自分なりに説明できるようになってください。実際に友達に説明してみて，納得してもらえたらサインをもらってください。2人からサインがもらえたら，合格です。

ア　階級　　　　　イ　度数　　　　　ウ　階級の幅　　　エ　階級の個数
オ　度数分布表　　カ　ヒストグラム　キ　度数分布多角形　ク　相対度数

2

右の表は，紙でできた模型をある高さから落とした時に，床に到達するまでの時間を調べたものです。また6cm，8cm，10cmというのは，模型の羽根の長さを表しています。空欄になっている相対度数を求めなさい。

秒　数	6cm 度数	6cm 相対度数	8cm 度数	8cm 相対度数	10cm 度数	10cm 相対度数
2.00以上～2.20未満	2		6		0	0
2.20以上～2.40未満	7		12		0	0
2.40以上～2.60未満	18	0.36	18		1	0.02
2.60以上～2.80未満	17		54		2	0.04
2.80以上～3.00未満	5		48		7	0.14
3.00以上～3.20未満	1	0.02	9		11	0.22
3.20以上～3.40未満	0	0	3		17	0.34
3.40以上～3.60未満	0	0	0		8	0.16
3.60以上～3.80未満	0	0	0		3	0.06
3.80以上～4.00未満	0	0	0		1	0.02
度数の合計	50	1	150	1	50	1

右の図は，上の表をもとにして，羽根の長さが6cmと10cmの相対度数を，度数分布多角形に表したものです。この図に，羽根の長さが8cmの度数分布多角形を記入しなさい。

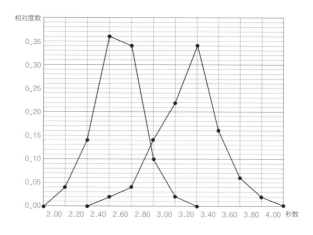

相対度数

みんながチャレンジできるクラスを作りましょう

1年（　）組（　）番　名前（　　　　　　　）

「自分の説明に自信がない」と言う人がたくさんいます。でも、実際に説明してみると、自分の理解が不十分なところがわかり、理解が深まります。みんなが説明役になれるように、「誰でもチャレンジできるクラス」をみんなで作りましょう。

1

次の用語について、それぞれ自分なりに説明できるようになってください。実際に友達に説明してみて、納得してもらえたらサインをもらってください。2人からサインがもらえたら、合格です。

ア　階級　　　　　イ　度数　　　　　ウ　階級の幅　　　エ　階級の個数
オ　度数分布表　　カ　ヒストグラム　　キ　度数分布多角形　ク　相対度数

※教科書の説明を参考にすること

2

右の表は、紙でできた模型をある高さから落とした時に、床に到達するまでの時間を調べたものです。また6cm、8cm、10cmというのは、模型の羽根の長さを表しています。空欄になっている相対度数を求めなさい。

秒　数	6cm 度数	相対度数	8cm 度数	相対度数	10cm 度数	相対度数
2.00以上～2.20未満	2	0.04	6	0.04	0	0
2.20以上～2.40未満	7	0.14	12	0.08	0	0
2.40以上～2.60未満	18	0.36	18	0.12	1	0.02
2.60以上～2.80未満	17	0.34	54	0.36	2	0.04
2.80以上～3.00未満	5	0.1	48	0.32	7	0.14
3.00以上～3.20未満	1	0.02	9	0.06	11	0.22
3.20以上～3.40未満	0	0	3	0.02	17	0.34
3.40以上～3.60未満	0	0	0	0	8	0.16
3.60以上～3.80未満	0	0	0	0	3	0.06
3.80以上～4.00未満	0	0	0	0	1	0.02
度数の合計	50	1	150	1	50	1

右の図は、上の表をもとにして、羽根の長さが6cmと10cmの相対度数を、度数分布多角形に表したものです。この図に、羽根の長さが8cmの度数分布多角形を記入しなさい。

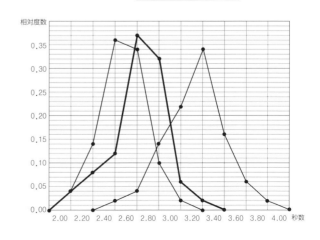

7 資料の活用

2 代表値

▶本時の目標（黒板に板書や紙で示す）

- 新しい用語の意味を理解し、その用語を使えるようになる。電卓などを用いて中央値、最頻値、平均値を計算できるようになる。
- 授業の目標をそれぞれの生徒が意識し、目標の達成に向けて一人も見捨てずに学習する。

▶準備するもの

次の見開きページの左側ページを生徒の人数分、拡大して印刷する。右側の解答ページをA3サイズ程度に数枚拡大コピーして教卓に置くか、黒板に貼る。生徒どうしの議論が大切なので、解答は全員には配付しない。過去のプリントの模範解答ファイルを教卓に置く（準備全般についてはP36を参照）。電卓。

▶授業のタイムスケジュール

導入 （5分）	一人も見捨てずに課題を達成できるように、クラス全員で取り組み、「一人も見捨てない集団」になろうと訴える。
『学び合い』スタート （40分）	何度も説明すると、理解が深まることを伝える。 手早く計算するために、電卓を用いるよう伝える。また、計算結果を確かめる方法について確認する。 プリントの具体例を使って、用語や計算方法などについて、お互いに説明するように呼びかける。
振り返り （5分）	一人も見捨てないようにできたか、困っている人を見つけようとしたか、自分から助けを求めることができたか、振り返る。

この授業のポイントと、クラス全体への声かけの例

▶課題プリントを配る時の、生徒へのひと言

- 「平均値、中央値と、最頻値の求め方を比べてみてください。どれが一番、もとの分布をきちんと表しているでしょうか。どれが一番、計算するのが楽でしょうか。各自の考えをお互いに説明してみましょう」

▶生徒の様子に応じた、授業展開の声かけの例

序盤での声かけ例：生徒のやる気を出させたい時

「いままでに勉強したことを全部使いましょう。クラス全員が、それぞれできることをやりましょう」「困った時には、友達に聞いてもいいし、自分で調べてもいいです。教科書にも、ちゃんと書いてあります」

中盤での声かけ例：生徒がとまどっていて、援助したい時

「いろいろな用語を実際に使いながら理解しましょう」「それぞれの用語を自分の言葉で説明しましょう」「自分が納得できるか、聞いている人が納得できるかを確認しながら説明しましょう」

終盤の声かけ例：一人も見捨てないようにしたい時

「クラスの全員で、絶対に一人も見捨ないようにしましょう。以前学習した内容も、どんどん聞いてください」「近くに困っている人がいないか、まわりをよく見てください」「今日の課題を、全員の力で達成しましょう」

代表値について
「一人も見捨てないクラス」をみんなで作ろう

1年（　　　）組（　　　）番　名前（　　　　　　　　　　　）

何度も何度も説明しましょう。そのたびに，あなたの説明の仕方は上手になり，理解も深まります。「聞くだけの人」がいないようにしてください。

1

次の用語について，それぞれ自分なりに説明できるようになってください。実際に友達に説明してみて，納得してもらえたらサインをもらってください。2人からサインがもらえたら，合格です。

ア　階級	イ　度数	ウ　階級の幅	エ　階級の個数
オ　度数分布表	カ　ヒストグラム	キ　度数分布多角形	ク　相対度数
ケ　平均値	コ　階級値	サ　中央値	シ　メジアン
ス　最頻値	セ　モード	ソ　代表値	

2

あるクラスの男子15人の50m走の記録（秒）は，次のとおりでした。この15人の記録の中央値と平均値を求めなさい。

　　7.0　7.0　7.1　7.2　7.3　7.3　7.4　7.5　7.7　7.8　7.9　8.0　8.2　8.3　8.3

3

ある中学校の男子24人の校内靴のサイズ(cm)を調べたところ，以下のような結果になりました。この24人の中では，どのサイズの生徒が一番多いか答えなさい。

　　23　23　24　24　24　25　25　25　25　26　26　26
　　26　26　26　26　26　26　26　26　26　27　27　27　27

また，中央値と平均値を答えなさい。

| 解答 |

代表値について
「一人も見捨てないクラス」をみんなで作ろう

1年（　　）組（　　）番　名前（　　　　　　　　　　）

何度も何度も説明しましょう。そのたびに，あなたの説明の仕方は上手になり，理解も深まります。「聞くだけの人」がいないようにしてください。

1

次の用語について，それぞれ自分なりに説明できるようになってください。実際に友達に説明してみて，納得してもらえたらサインをもらってください。2人からサインがもらえたら，合格です。

- ア　階級
- イ　度数
- ウ　階級の幅
- エ　階級の個数
- オ　度数分布表
- カ　ヒストグラム
- キ　度数分布多角形
- ク　相対度数
- ケ　平均値
- コ　階級値
- サ　中央値
- シ　メジアン
- ス　最頻値
- セ　モード
- ソ　代表値

※教科書の説明を参考にすること

2

あるクラスの男子15人の50m走の記録（秒）は，次のとおりでした。この15人の記録の中央値と平均値を求めなさい。

7.0　7.0　7.1　7.2　7.3　7.3　7.4　7.5　7.7　7.8　7.9　8.0　8.2　8.3　8.3

答え　中央値7.5（秒）　　平均値7.6（秒）

3

ある中学校の男子24人の校内靴のサイズ（cm）を調べたところ，以下のような結果になりました。この24人の中では，どのサイズの生徒が一番多いか答えなさい。

23　23　24　24　24　25　25　25　25　26　26　26
26　26　26　26　26　26　26　26　27　27　27　27

また，中央値と平均値を答えなさい。

答え　26cmのサイズの生徒がもっとも多い（最頻値）。
答え　中央値は26cmで，平均値は25.5cmである。

7 資料の活用

3 近似値と有効数字

▶本時の目標（黒板に板書や紙で示す）

- 近似値、有効数字の用語を理解し、実際に計算することができるようになる。
- 授業の目標をそれぞれの生徒が意識し、目標の達成に向けて一人も見捨てずに学習する。

▶準備するもの

次の見開きページの左側ページを生徒の人数分、拡大して印刷する。右側の解答ページをA3サイズ程度に数枚拡大コピーして教卓に置くか、黒板に貼る。生徒どうしの議論が大切なので、解答は全員には配付しない。過去のプリントの模範解答ファイルを教卓に置く（準備全般についてはP36を参照）。電卓。

▶授業のタイムスケジュール

導入 （5分）	友達にサインをする時には、しっかり納得してからサインするように注意を呼びかける。
『学び合い』スタート （40分）	一緒に学習するグループが固定しないように、いろいろな人と助け合いながら課題を達成するように呼びかける。 とくに、10の累乗の形の概数について、書き方や考え方を確認するように促す。
振り返り （5分）	課題を達成するために自分から助けを求めたか、あるいは誰かを助けることができたかなどを振り返る。

この授業のポイントと、クラス全体への声かけの例

▶課題プリントを配る時の、生徒へのひと言

- 「資料を使って計算で求めた値と、本当の値が異なっている場合があります。どのくらい正確な値なのかを調べたり表したりする方法を学習し、自分で何かを調べる時にも使えるようになりましょう」

▶生徒の様子に応じた、授業展開の声かけの例

序盤での声かけ例：生徒のやる気を出させたい時

「友達の説明を聞きながら、自分の説明も改善してください」「質問したければどんどん質問しましょう」

中盤での声かけ例：生徒がとまどっていて、援助したい時

「10の累乗を使うと、どのくらい正確なのかがはっきりわかって便利です」「はっきりわかるというのはどういうことなのか、お互いに説明してみてください」

終盤の声かけ例：一人も見捨てないようにしたい時

「クラス全体がレベルアップしてほしいです。困っている人がいる時に、誰かがかならず気づいて、一人も見捨てないクラスになってください

近似値と有効数字

クラス全員が問題を説明できてサインをもらおう

1年（　　）組（　　）番　名前（　　　　　　　　）

友達の説明を聞きながら，自分の説明も改善しましょう。お互いに積極的に質問しましょう。全員が，疑問点をなくすようにしましょう。

1

次の用語について，それぞれ自分なりに説明できるようになってください。実際に友達に説明してみて，納得してもらえたらサインをもらってください。2人からサインがもらえたら，合格です。

ア　有効数字　　　　イ　近似値　　　　ウ　誤差　　　　エ　真の値

2

地球の直径は，約12750kmです。この数を，有効数字4けたで表すと，1.275×10^4kmとなります。次の問いに答えなさい。

(1) 地球の直径を有効数字3けたで表しなさい。
(2) 地球の直径を有効数字2けたで表しなさい。

3

次の測定値の有効数字は何けたですか。

(1) 4.92×10^2m
(2) 5.001×10^3g

4

太郎君が友達に次のように話しています。

「円の面積を求める時に，たとえば円の半径が11cmだったら，面積は，$11 \times 11 \times 3.14 = 379.94$cm^{2}って答えるよね。でも，半径が11cmっていうことは，実際の長さは，10.5cmと11.5cmの間にあるわけだろ？　すると面積は最小で，$10.5 \times 10.5 \times 3.14 = 346.185$cm^2，最大で，$11.5 \times 11.5 \times = 415.265$cm^{2}になる。つまり円の面積は，約346cm^{2}と約415cm^{2}の間にあるっていうことになる。ということは，最初の379.94cm^{2}という答えは，まったくアテにならないんじゃないだろうか？」

太郎君の考えに対して，あなたはどのように考えますか。あなたの考えをまとめて2人に説明してください。

解答	近似値と有効数字

クラス全員が問題を説明できてサインをもらおう

1年（　　）組（　　）番　名前（　　　　　　　　　）

友達の説明を聞きながら，自分の説明も改善しましょう。お互いに積極的に質問しましょう。全員が，疑問点をなくすようにしましょう。

1

次の用語について，それぞれ自分なりに説明できるようになってください。実際に友達に説明してみて，納得してもらえたらサインをもらってください。2人からサインがもらえたら，合格です。

ア　有効数字　　　　イ　近似値　　　　ウ　誤差　　　　エ　真の値

※教科書の説明を参考にすること

2

地球の直径は，約12750kmです。この数を，有効数字4けたで表すと，1.275×10^4kmとなります。次の問いに答えなさい。

(1) 地球の直径を有効数字3けたで表しなさい。　　**答え** 1.28×10^4km

(2) 地球の直径を有効数字2けたで表しなさい。　　**答え** 1.3×10^4km

3

次の測定値の有効数字は何けたですか。

(1) 4.92×10^2m　　**答え** 3けた

(2) 5.001×10^3g　　**答え** 4けた

4

太郎君が友達に次のように話しています。

「円の面積を求める時に，たとえば円の半径が11cmだったら，面積は，$11 \times 11 \times 3.14 = 379.94$cm² って答えるよね。でも，半径が11cmっていうことは，実際の長さは，10.5cmと11.5cmの間にあるわけだろ？　すると面積は最小で，$10.5 \times 10.5 \times 3.14 = 346.185$cm²，最大で，$11.5 \times 11.5 \times = 415.265$cm²になる。つまり円の面積は，約346cm²と約415cm²の間にあるっていうことになる。ということは，最初の379.94cm²という答えは，まったくアテにならないんじゃないだろうか？」

太郎君の考えに対して，あなたはどのように考えますか。あなたの考えをまとめて2人に説明してください。

実践事例コラム

「主体的・対話的で深い学び」を実現するための秘訣

▷「一人も見捨てない」ことを、決してあきらめない

　平成29年2月に、次期学習指導要領の案が発表されました。そこでは、「主体的・対話的で深い学びの実現に向けた授業改善」が強く呼びかけられています。そして、「特に、各教科等において身に付けた知識及び技能を活用したり、思考力、判断力、表現力等や学びに向かう力、人間性等を発揮させたりして、学習の対象となる物事を捉え思考することにより、各教科等の特質に応じた物事を捉える視点や考え方(以下「見方・考え方」という。)が鍛えられていくことに留意し、生徒が各教科等の特質に応じた見方・考え方を働かせながら、知識を相互に関連付けてより深く理解したり、情報を精査して考えを形成したり、問題を見いだして解決策を考えたり、思いや考えを基に創造したりすることに向かう学習の過程を重視すること」という配慮事項が明記されています。

　では、このような「主体的・対話的で深い学び」を実現するための具体的な方策は、どのようなものでしょうか。

　私は、日々の実践において「一人も見捨てない」と言い続けること、指導者の姿勢として「一人も見捨てない」ということを堅持すること、そして、目の前にいる生徒たちに、「この授業では、みなさん自身で、一人も見捨てないということを実現してほしい」と、本気で訴え続けることだと考えています。

　「自分だけがわかればそれでよい」と考えるのではなく、自分を含めたクラス全員が課題を達成するにはどうすればよいのか、そのためにクラスのメンバーの力をどのように使っていけばよいのかを、生徒達

自身が考え続けていく。そして教師は支援に徹する。このことによって、「主体的・対話的で深い学び」が実現できると考えています。

▷比較的初期の段階での、もっとも重要な支援

　さて、『学び合い』では、生徒が主体的に学習に参加します。本書で述べたように、勉強が得意な生徒も、苦手な生徒も、一緒になって課題達成のために努力します。きっと、いままでにない生き生きとした姿を見せてくれるだろうと思います。

　その一方で、「自分で考えること」に不安を持つ生徒もいます。『学び合い』では、生徒に対して「主体的に、対話的に」学習することを求めます。場合によっては、生徒に対して疑問を投げかけ、いままで以上に深く考えるように促します。

　もしも、いままでの授業が、先生がすべてを教え込むスタイルの授業だったとすると、生徒はいきなり、何もないところに投げ出されたような不安を感じます。そして、「今度の先生は、いままでの先生と違って、何も教えてくれない」、「プリントだけ配って、あとは何もしてくれない」といった意見になって返ってくるかも知れません。

　そうならないようにするために、最初の頃は「週イチ」で『学び合い』の授業を行うようにして、いきなりすべての授業を『学び合い』に変更することは避けたほうがよいと思います。また、授業ごとに「ひとこと感想」を生徒に書いてもらって、一人ひとりの生徒の様子をていねいに観察することをオススメします。そして、少しでも不安や疑問を感じている生徒に対しては、できるだけ個別に相談に乗ってあげるとよいでしょう。

　また、保護者に対しても、「このような授業方法で、主体的・対話的で深い学びを実現していきたい」ということを、きちんと文書で伝えていく必要があります。その際には、管理職とも事前によく相談する方がよいでしょう。最初の頃は、このようなていねいなフォローが必要だろうと思います。

（髙瀬浩之）

読書ガイド

　『学び合い』によるアクティブ・ラーニングを本書では紹介しました。『学び合い』の詳細を学ぶための書籍も用意されています。まず、『学び合い』の素晴らしさを学びたいならば**『クラスが元気になる！『学び合い』スタートブック』（学陽書房）**がお勧めです。『学び合い』のノウハウを全体的に理解したならば、**『クラスがうまくいく！『学び合い』ステップアップ』（学陽書房）**と、**『クラスと学校が幸せになる『学び合い』入門』（明治図書）**をご覧ください。さらに合同『学び合い』を知りたいならば**『学校が元気になる！『学び合い』ジャンプアップ』（学陽書房）**をご覧ください。

　生徒にそんなに任せたら遊ぶ子が出てくるのではないかと心配されるかたもおられると思います。当然です。たしかに初期にそのような生徒も出てきます。しかし、どのような言葉かけをすれば真面目になるかのノウハウも整理されています。そのようなかたは**『気になる子への言葉がけ入門』（明治図書）**、**『『学び合い』を成功させる教師の言葉かけ』（東洋館出版社）**をお読みください。手品のタネを明かせば当たり前のような考え方によって『学び合い』は構成されていることがわかっていただけると思います。『学び合い』では数十人、数百人の子どもを見取ることができます。そのノウハウは**『子どもたちのことが奥の奥までわかる見取り入門』（明治図書）**をご覧ください。しかし、授業のレベルを高めるには課題づくりのテクニックが必要となります。それは**『子どもが夢中になる課題づくり入門』**、**『簡単で確実に伸びる学力向上テクニック入門』（いずれも明治図書）**に書きました。

　日本全国には『学び合い』の実践者がいます。そして、その人達の会が開催されています。機会を設けて、生の実践を参観し、会に参加されることをお勧めします。

（西川純）

編著者紹介

編者

西川 純 (にしかわ　じゅん)

1959年、東京生まれ。筑波大学教育研究科修了（教育学修士）。都立高校教諭を経て、上越教育大学にて研究の道に進み、2002年より上越教育大学教職大学院教授、博士（学校教育学）。臨床教科教育学会会長。全国に『学び合い』を広めるため、講演、執筆活動に活躍中。主な著書に『すぐわかる！　できる！　アクティブ・ラーニング』、『2020年　激変する大学受験！』、『アクティブ・ラーニングの評価がわかる！』（いずれも学陽書房）、『高校教師のためのアクティブ・ラーニング』（東洋館出版社）、『アクティブ・ラーニング入門』（明治図書）ほか多数。本書まえがき、1章、読書ガイドを分担執筆。（メールのアドレスは jun@iamjun.com です。真面目な方からの真面目なメールに対しては、誠意を込めて返答いたします。スカイプでつながることも OK です）

著者（50音順）

かわの　としお

1963年生まれ。福岡教育大学卒業後、福岡県公立中学校教諭として勤務。2009年に「誰一人見捨てない」というキーワードの『学び合い』に強く惹かれる。現在、アクティブ・ラーニングを学びたい教員のネットワーク「『学び合い』福岡」の事務局を務める。共著に『すぐ実践できる！　アクティブ・ラーニング　中学数学』（学陽書房）がある。本書1章、2章を分担執筆。

髙瀬　浩之 (たかせ　ひろゆき)

1962年、東京生まれ。千葉大学大学院理学研究科数学専攻を修了後、新潟県および千葉県公立中学校に勤務。2012年から日本デジタル教科書学会の理事に就任し、現在に至る。共著に『すぐ実践できる！　アクティブ・ラーニング　中学数学』（学陽書房）、『ICTを活用した新しい学校教育』（北樹出版）がある。本書3章（P136〜213）を分担執筆。

福島　哲也 (ふくしま　てつや)

1981年、大阪府生まれ。大阪教育大学卒業後、大阪府公立中学校教諭として勤務、現在に至る。『学び合い』で授業を行い、子ども達とまっすぐに向き合い日々を過ごしている。本書2章、3章（P64〜135）を分担執筆。

週イチからできる『学び合い』
中1数学課題プリント集

2017年3月21日　初版発行

編　者	西川　純（にしかわ　じゅん）
著　者	かわのとしお・髙瀬浩之（たかせ ひろゆき）・福島哲也（ふくしま てつや）
発行者	佐久間重嘉
発行所	学　陽　書　房
	〒102-0072　東京都千代田区飯田橋1-9-3
営業部	TEL 03-3261-1111／FAX 03-5211-3300
編集部	TEL 03-3261-1112
	振替口座　00170-4-84240
	http://www.gakuyo.co.jp/

編集／造事務所
装丁／スタジオダンク　イラスト／大橋明子
本文デザイン・DTP制作／越海辰夫　P6～9デザイン／岸博久（メルシング）
印刷／文唱堂印刷　製本／小高製本工業

Ⓒ Jun Nishikawa 2017, Printed in Japan　ISBN 978-4-313-65326-9 C0037
乱丁・落丁本は、送料小社負担にてお取り替えいたします。
定価はカバーに表示してあります。